Chutzpah

후츠파로
도전하라

Chutzpah

후츠파로
도전하라

지 은 이 | 정효제
펴 낸 이 | 김원중

기   획 | 김무정
편   집 | 김주화, 정선
디 자 인 | 옥미향, 박경순
제   작 | 허석기
관   리 | 차정심
마 케 팅 | 김재운

초판인쇄 | 2014년 10월 21일
초판발행 | 2014년 10월 28일

출판등록 | 제313-2007-000172(2007.08.29)

펴 낸 곳 | 상상예찬(주)
         도서출판 상상나무
주   소 | 경기도 고양시 덕양구 행주산성로 5-10
전   화 | (031)973-5191
팩   스 | (031)973-5020
홈페이지 | http://smbooks.com

ISBN 978-89-93484-98-4 (03190)

값 13,000원

이 스 라 엘 통 **정효제 박사**의 인생역경 에세이

Chutzpah

후츠파로
도전하라

| 정효제 지음

상상
나무

감사와 은혜, 축복의 시간들

우리는 인생을 살아가면서 가슴 설레는 일들을 만나곤 한다. 학창시절 소풍을 앞두었을 때, 또

는 멀리 여행을 떠나거나 신기하고 생소한 장소로 갈 때도 기대와 흥분으로 설레기 마련이다.

내 경우는 잘 알지도 못했던 이스라엘로 공부하러 떠날 때 이런 마음이 가장 크게 들었다. 다가

올 미지의 세계에 대한 기대감으로 묘하게 설레면서 떨렸던 기억이 생생하다.

이런 설렘은 내가 새로운 사업을 구상하고 창업했을 때, 직종을 바꾸었을 때, 위치가 바뀌어 그

단체의 대표로 취임했을 때도 소리 없이 다가오곤 했다. 새로운 사람을 만나 교제할 때에도 언

제나 설렘이 동반된 기쁨이 밀물처럼 다가왔다.

내가 살아오면서 체험하고 느낀 이러한 설렘과 떨림의 사건들을 묶어 한 권의 책으로 펴내게 되

었다. 한편으론 부끄러우면서도 다른 한편으론 이야기보따리들을 마음껏 풀어낸 것에 기쁜 마음

이 든다.

사실 이 책은 나를 형성해 온 만남들을 정리해 보자는 의도로 틈틈이 원고를 메우기 시작한 데

에서 출발했다. 그러다 이 글을 좀 더 체계적으로 써 보자고 의도가 바뀐 것은 20년 이상 친구

로 또 동역자로, 기자의 눈으로 나를 지켜본 김무정 학형과 또 늘 새로운 아이디어로 내게 도움을 주는 김용호 형의 격려에서 비롯되었음을 먼저 밝히고 싶다. 내가 뭐 그리 대단한 사람이라고 책을 내냐며 주저할 때마다 내게 용기를 주었고, 이처럼 드라마틱한 인생 이야기가 어디 있겠느냐는 말의 유혹에 나도 어느샌가 빠져버린 것 같다.

그런데 막상 원고를 마무리하고 나니 내 삶을 정리하고 돌아볼 수 있었던 아름다운 유혹이었고 그 유혹에 빠지길 정말 잘했다는 생각이 든다.

이 책을 쓰면서 사실 남들처럼 언어적 치장도 좀 하고 자랑도 해서 나를 돋보이게 해볼까 하는 마음도 들었다. 하지만 결국 '진실'만이 글에 힘을 실을 수 있다는 사실을 매주 설교를 작성하며 터득했던 터라 결국 지나치리만큼 진실한 내용만을 담았다. 오히려 부끄러운 일들도 있는 그대로 표현하려고 노력한 것은 진실만이 힘이 있다는 진리를 믿기 때문이다.

큰 인물들의 자서전이나 전기를 보면 모두 어린 시절을 빼놓지 않고 자세히 기록한다. 그러나 나는 그런 인물도 되지 못할뿐더러 밝힐 만한 대단한 것도 없고, 또 어머님이 살아계시고 형제자매들이 사랑으로 함께 살고 있으므로 어린 시절 이야기는 다음으로 유보하기로 했다. 부모님 밑에서 살았던 그 시절 이야기가 잘못하면 부모님께 누가 될 수도 있기 때문이다. 다만 아버지께서 지극히 사랑해 주셨고, 기대를 버리지 않으시고 이 못난 아들을 기다려 주셨다는 것을 감사해 하고 못 잊고 있다. 때로는 아버지가 몹시 그립고, 다하지 못한 효도로 인하여 슬퍼질 때도 있지만 어머님 박종수 권사님을 향한 존경과 사랑으로 승화시켜 나가려고 노력한다.

나의 세 딸이 다들 제 몫을 하고 잘 성장하여 주었지만 이들에 관한 이야기도 괜한 자랑이 될 수 있어 글을 썼다가 지면에 올리는 것은 생략하기로 했다. 여러 나라를 다니면서 공부하느라 어린 시절에 고통이 많았는데, 그 일이 아빠에 의해 미화되는 것도 바람직하지 않을 것이기 때문이다.

이 책은 모두 4부로 구성했다. 내 삶의 변화된 과정을 1부에 담고 2부는 내가 몸담아 일했던 내용을 정리했다. 3부는 내 삶에 귀한 멘토가 되어 주신 감사한 분들과의 관계를 4부는 내가 지금 매진하고 있는 이스라엘 학습법의 기본적인 내용을 교육칼럼으로 써 보았다.

책을 정리하면서 나를 돌아보니 빚진 사람들이 너무 많았다. 나를 알고 있는 모든 분께 크고 작은 마음의 빚을 졌다. 이제부터는 더 이상 빚을 지지 말고 좀 갚아 가면서 살아가자고 다짐했다.

낳아서 길러주신 부모님과 장인장모님이신 이우신, 김복순 권사님은 말할 것도 없고 평생을 함께해준 아내 이명희에게도 사랑의 빚을 많이 졌다. 책 내용에서 밝혔지만 여러 선생님들과 보살펴주신 어른들로부터는 이루 말할 수 없는 사랑을 받았다. 결국 이 사랑의 힘으로 무한한 도전과 용기를 가질 수 있었다고 고백한다. 실패했을 때도 일어설 수 있었다.

오늘까지 그려진 내 삶의 이력서는 하나님 안에서 감사와 은혜, 축복의 시간이었음을 고백하고 간증하지 않을 수 없다. 쓸모없는 나를 종으로 삼으시고 지금까지 섭리 아래 이끌어 주신 하나님, 앞으로도 내가 맡은 일을 성실하고 아름답게 이끌어 갈 수 있도록 은혜와 복을 내려 주시길 간절히 기도한다.

끝으로 이 책이 나오도록 수고를 아끼지 않으신 상상나무 김원중 사장님을 비롯한 편집자 여러분께도 깊은 감사를 전한다. 모쪼록 이 책이 한 사람의 삶 속에서 내밀하게 역사하신 하나님을 발견하고 살아계신 하나님의 은혜를 나눌 수 있는 책이 되길 소망한다.

복정동 CCIS 연구실에서

정효제

Contents

Chutzpah

1부

내 인생의 키워드는

끝없는 도전

인생은 어차피 나에게 한 번 주어진 것, 저지르고 수습하며 사는 것이 아닌가. 그때 촬영하면서 사용하였던 필름 이름이 크롬(Chrome), 즉 크로마(Croma)였던 것은 우연이었을까? 이미 섭리는 한 치의 오차도 없이 운행되고 있었다. 크로마국제기독학교를 위한 계획은 이미 진행되고 있었던 것이다.

꿈은 날아오르고 인생의 물결은 도도히 흘렀다

> 일종의 멋진 보복이었다. 늘 최루탄 속에서 사진 찍힐까봐 피해
> 다녀야 했던 괴로움에 대한 보복이요, 부모님을 끌고 다니며 고생
> 시키고, 사진 찍어 꼼짝도 하지 못하게 했던 기관원들에 대한 통
> 쾌한 보복이며, 카메라도 하나 없는 가난에 대한 보복이었다.

1984년 3월 15일. 캐세이퍼시픽 항공기가 김포공항 활주로를 힘차게 차고 올라 창공을 갈랐다. 그렇게 탈출하고 싶었던 땅을 떠나며 고개 돌려 바라본 창밖은 내 눈물로 흐려져 있었다.

아들이 품을 떠나는 것을 불안해하고 못마땅하게 여겨 끝내 말리시던 아버지(결국은 마지막이 되고 말았지만)와 제자의 유학을 축하하기 위해 공항까지 달려나와 태극기를 건네주시던 한 교수님의 얼굴이 겹쳐 보였다.

떠나는 남편의 손을 차마 놓지 못하던 아내의 체온이 아직 내 손에 남아 있는 채로 모든 것을 눈물로 씻어 내야만 했다. 주머니에 들어 있는 870달러, 나중에 더 보내 주겠다는 약속도 없이 내가 가진 유학자금의 전부였다.

어쩌면 곧 돌아와야 할 처지였을지도 모른다. 하지만 첫 기착지 홍콩에서 배

짱 좋게 325달러짜리 캐논 카메라를 사서 어깨에 들쳐 메었다. 다음 기착지인 로마에서 사진으로 기록을 남겨야겠다는 생각에서 전 재산의 37%를 투자하는 엄청난 사고를 치고 만 것이다.

일종의 멋진 보복이었다. 늘 최루탄 속에서 사진 찍힐까봐 피해 다녀야 했던 괴로움에 대한 보복이요, 부모님을 끌고 다니며 고생시키고, 사진 찍어 꼼짝도 하지 못하게 했던 기관원들에 대한 통쾌한 보복이며, 카메라도 하나 없는 가난에 대한 보복이었다.

하지만 복수의 마음은 허무하리만치 순식간에 끝났고, 로마에 도착한 이후로, 아니 홍콩의 밤거리에서부터 카메라는 그 자체로 빛을 발하기 시작했다. 찬란하게 터지는 카메라 플래시는 눈이 멀 것만 같은 황홀경에 빠지게 하기에 충분한 장난감이었다. 이 장난감이 하셀브라드라는 명품 카메라 소장과 고(古) 카메라 수집 취미로까지, 『성서의 세계』 12권 전질 편찬 작업으로까지 발전할 줄은 모르고 저질렀던 통쾌한 후츠파(저돌적인 행동가를 일컫는 히브리어)였다.

후에 내가 찍었던 사진들은 동아출판사 『성서의 세계(The Biblical World)』에 포토그래퍼 정효제란 이름으로 실렸다. 이 책에는 많은 사진들이 필요했는데 출판사의 전문 사진작가가 찍은 사진으로도 다 채워지지 않자 내 사진들도 넣게 된 것이다. 가격이 만 달러 이상 하는 카메라를 들고 찍은 작품들 틈에서 375달러짜리 카메라로 찍은 사진들이 더욱 빛을 발했는데, 그것은 평소에 촬영하기 어려운 사진들을 내가 촬영해 놓은 코닥 크롬 슬라이드 필름으로 채워 나갔기 때문이다.

이렇게 내가 찍은 사진으로 유명한 책도 만들고, 대한민국 최초의 이스라엘을 소개하는 포스터도 만들어졌으니, 그 누가 전 재산의 37%를 투자한 이 일에 돌팔매질할 수 있을 것인가? 목표를 정하고 망설이지 않고 일을 저지르면서 그 일을 달성하기 위하여 최선의 노력을 다하는 후츠파는 이렇게 시작되었다.

인생은 어차피 나에게 한 번 주어진 것, 저지르고 수습하며 사는 것이 아닌가. 그때 촬영하면서 사용하였던 필름 이름이 크롬(Chrome), 즉 크로마(Croma)였던 것은 우연이었을까? 이미 섭리는 한 치의 오차도 없이 운행되고 있었다. 크로마국제기독학교를 위한 계획은 이미 진행되고 있었던 것이다.

돌이켜 보면 유학을 결심할 당시는 실로 고뇌에 찬 젊은 시절이었다. 시절도 뒤숭숭하여서 고등학교 시절부터 이어온 사회적 반항은 모든 것들이 나에게 불이익 쪽으로만 진행되었고 아무도 도와주지 않았다. 아니 기대할 수도 없었다.

군대 강제징집은 내 인생을 통째로 뒤틀어 놓았고, 제대 후에 입학한 건국대학에서는 기대할 게 없었다. 내가 일등이라는 자존심으로 겨우 버텨 나갔지만 1981년 새마을 중앙연수원에서 있었던 전국총학생회장단 연수가 기폭제가 되어 어느 사이에 전국 총학생회장이 아닌 내가 중심이 되어 나의 혼란은 가중되어만 갔다.

전국총학생회장단 모임(곧이어 전국총학생연맹으로 발전한다)이 결성되고 몇 가지의 시국 사태를 겪으며 민주화의 열기는 뜨거워졌고 나는 떠나야 한다는 강박관념에 시달렸다. 나와 함께한 친구들이 잡혀가고 시국선언을 하고 학사주점 사태가 터지는 동안에 스탠퍼드를 졸업하신 미국변호사 임기엽 교수님에게 영미법과 노동법을 사사받았다.

그리고 교수님을 만나서 진로를 상의하던 중에 노동자의 빈곤 문제는 사회법과 노동법으로 풀어야 한다는 결심으로까지 이어졌다. 통일논문을 작성하여 세종문화회관에서 발표하며, 학문을 통한 사회 디자인을 생각하게 되었고 미국 스탠퍼드대학에서 입학허가서가 날아오면서 유학을 떠나는 것은 기정사실화되었다.

하지만 당시 상황은 유학을 호사로 생각하게끔 했다. 부모님의 반대와 이미 이룬 가정을 두고 떠나야 하는 결단력이 내 안에 존재하느냐가 문제였다. 일단 기업 공채에 응시할 수 있는 나이도 지났기에 법학과에 들어온 기업의 추천 의뢰 중에서 제일 먼저(성적순으로 매겨진 순서였다) 들어온 기업에 추천되어 신입사원 연수를 받으며 부모님을 안심시켜야 했다.

장남이 떠나면 내가 어찌할꼬? 하시며 크게 걱정하시는 아버지를 안심시키기에는 역부족이었을까? 일본에서 공부하셨던 아버지의 유학에 대한 관념은 나와 매우 달랐다. 떠나면 돌아오지 않을 것이란 생각을 너무 많이 하시고 계신 듯했다. 하지만 나는 성공하고 돌아와 조국을 위해 해야 할 일이 너무나 많이 있다고 여겼다.

이때 학교 은사로 만난 류태영 박사님은 내게 돌파구를 열어 주었고 평생의 스승이 되어 주셨다. 신원조회에서 몇 번씩 낙방하는 나를 기어이 이스라엘 키부츠로 가는 1984년 3월의 연수단에 포함시켜, 유대인 학생들의 모국방문단과 함께 연수가 시작되었던 것이다.

9월에 입학하는 스탠퍼드로 가기까지 어학연수를 떠나는 마음으로 하루라도 빨리 이 땅을 떠나야만 했다. 사랑하면 떠나라고 했던가. 너무 사랑한 조국이었고, 너무 사랑한 아내였기에 떠나야만 했고, 부모님을 위해서도 결단코 떠나야 했다.

지금도 난 젊은이들에게 말한다. 사랑한다면 떠나라고 말이다. 그러면 그 사랑이 더욱 깊어진다고 말이다.

처음 만난 키부츠는 과히 노동자들의 천국이었다. 노동의 진수를 발견하며 이스라엘인들에게 있어서 노동이란 "유대교라는 종교 다음으로 가는 신앙이다"라는 생각을 가질 정도로 노동을 신성하게 여겼고, 삶의 중심이었다. "일하지 않으려면 먹지도 말라"는 노동정신은 이미 이곳에서 이루어지고 있었다. 내가 직접 오렌지밭에서, 목화밭에서, 금속공장과 축사에서 노동하며 노동이론이 아닌 실제를 알게 되었다. 네 시간 일하고 네 시간은 히브리어를 공부하는 키부츠 울판에서의 체험은 또 다른 만남을 이루어 갔다.

프랑스에서 이민 온 에스테르라는 할머니 선생님은 특별한 애정을 가지고 수업 이후에도 집으로 초청하여 나에게 히브리어를 가르치셨고, 그곳에서도 학업에 대한 열정을 불태우고 있던 나는 빠른 시간에 적응해 나갔다. 모든 역경을 이기기 위한 방법은 더 큰 고통을 나에게 주는 것이었다.

정오의 땡볕과 열기에 녹아내리는 아무도 없는 아스팔트 위를 달리며 이빨을 앙다물고 고통과 번민들을 지워 나갔다. 아무 고민 없어 보이는, 예일대학을 다니다 온 벤과 뉴욕대학의 아브라함에게도 고민이 많다는 것을 알게 된 것은 한참이 지난 후 이들과 의사소통이 가능해지면서부터였다.

처음 갔던 곳에서 3개월이 지난 뒤 다른 키부츠로 옮겨야 했다. 떠듬거리던 영어가 소통 가능해질 정도로 익숙해졌고, 도로의 히브리어 간판도 읽을 수 있게 되었다. 거금을 들인 카메라는 계속 불을 뿜어내고 있었다. 이 모든 것들을 기록하기 시작한 때가 바로 이즈음이다. 교수님이 주신 태극기를 책상 위에 올려놓고, 조국과 민족을 위해서 공부한다는 오기 하나로 버틴 나날이었지만 한국에서의 소식은 온통 암울하기만 하였다.

결국 첫아이가 태어난 지 8개월 만에 아내는 살고있던 아파트를 처분하고, 짐을 정리해 달랑 가방 하나 들고 무일푼인 남편이자 아이 아빠를 찾아 고국을 떠나는 상황으로까지 치달았다. 아내가 들어옴으로 난 결국 미국으로 향하던 유학의 꿈은 접어야 했고, 히브리대학으로 진학하기로 결정하였다.

나는 이스라엘 땅과 사람들을 카메라로 열심히 기록하기 시작했다. 그리고 우리 가족의 출생과 성장도 기록했다. 지금도 아내는 이해하지 못한다. 내가 왜 그

한국을 떠난 후
여행을 시작한 로마 거리에서

렇게 카메라에 애착이 많은지 또 큰 비용을 들여가면서 KBS와 MBC 등 공중파
방송을 통해 크리스마스 특집과 이스라엘 소개에 그렇게까지 열중했는지를 말
이다. 그리고 CTS를 통하여 바울 선교지와 종교개혁지 소개에 그렇게 기뻐하는
지 잘 모를 것이다.

이처럼 카메라는 나에게 도전이었고, 해방이었으며 사실적 기록이었고, 진솔
한 고백이기도 했다.

이 책을 만들면서 첫 이야기에 카메라를 올리는 것도 카메라는 거짓을 말하지
않는다는 진실성에 기초를 두고 카메라에 찍힌 내 삶의 여정을 말하겠다는 고백
이기도 하다.

2014년 9월 7일. 오늘도 나는 학교 자료를 얻기 위해 찾은 뉴욕의 거리에서 부지런히 루믹스 셔터를 누르고 있다.

생생한 노동의 현장, 키부츠

이스라엘사람들에게 유대교라는 종교가 없었으면 아마도 '노동교'라는 종교를 만들었을 것이란 생각이 들 만큼 이들은 강도 높게 일했다. 그들은 사막화된 척박한 땅을 일구어 최고의 오렌지, 자몽, 포도 등의 과수를 재배하고 목화, 감자, 보리, 화훼 등을 키웠다

이스라엘 키부츠 이야기를 좀 더 해야 할 것 같다. 막상 현지에 도착해 보니 유대인이 퍼져 있는 모든 나라들인 북미와 남미는 물론 프랑스, 스페인, 스위스, 이란, 인도, 에티오피아 등 대륙을 망라해 유대인 계통의 젊은 형제자매들을 모두 불러들인 것을 알 수 있었다.

나는 예루살렘에서 아쉬켈론이란 지역으로 가는 중간에 있는 '미시마르 다비드'란 키부츠에 배정됐다. 그리고 전 세계 젊은이들과 공동생활을 하며 농사일에 땀을 흘렸다.

우리는 하루 4시간을 정확히 일했다. 이것이 규칙이었다. 오렌지밭에서 오렌지도 따고 낙농업을 하는 축사에 가서 소젖도 짰다. 목화밭에 가기도 하고 그날그날 일손이 필요한 곳에 투입돼 비지땀을 흘렸다.

이스라엘사람들에게 유대교라는 종교가 없었으면 아마도 '노동교'라는 종교를 만들었을 것이란 생각이 들 만큼 이들은 강도 높게 일했다. 그들은 사막화된 척박한 땅을 일구어 최고의 오렌지, 자몽, 포도 등의 과수를 재배하고 목화, 감자, 보리, 화훼 등을 키웠다. 그들의 축사는 최고의 우유 생산량을 자랑했다.

나와 같이 일하는 자원봉사자들을 볼런티어라고 불렀는데 이 자원봉사자들은 고대 올림픽이 열리던 시대에도 존재했다고 한다. 이렇게 자원봉사자 생활을 하면서 얻은 많은 경험들이 후일 내 인생에 큰 도움이 되었다.

또한 현지에서 일하고 땀 흘렸던 경험들이 성경에 나오는 예화들과 농부의 생활을 알게 하여 성경내용을 빠르게 이해할 수 있었다. 후일 가이드 생활을 할 때도 설명하는 데 큰 도움이 되었고, 지금도 설교할 때와 신학교 강의할 때 다양한 예화로 사용하고 있다.

그래서 나는 자녀들이나 주변에 이렇게 자원봉사자가 되어 일해 볼 기회가 생기면 꼭 참여해볼 것을 권한다. 얻는 것이 훨씬 많기 때문이다.

키부츠에서 일하면서 이스라엘이 아주 체계적이고 과학적인 농사를 짓는다는 것을 배우게 되었다. 함께 일한 청년들은 어머니든 아버지든 한쪽에 유대인 핏줄이 있는 이들이었다. 이스라엘은 이들에게 그들의 언어인 히브리어를 가르치는 일에도 힘쓰는 것 같았고 주말을 이용해 조국의 산하를 여행하도록 프로그램도 만들어 주었다. 성경에 등장하는 유대인 조상들이 어떤 삶을 살았는지 후세들에게 가르쳐주려는 의도를 엿볼 수 있었다.

이 프로그램이 잘 진행되도록 재정적 도움을 준 곳은 '세계유대인연합기구'였다. 나중에 우리나라의 새마을 운동이 이 키부츠를 모델로 했다는 이야기도 들었지만 내가 보기엔 많이 다른 것 같았다. 나는 키부츠에서 민주적 협동농장의 생생한 현장을 체험했던 것이다. 키부츠 협동조합의 실체를 다양하게 경험하면

아쉬도드 키부츠 생활 중이던 정효제

서 우리나라도 언젠가 이런 형태의 농촌을 일구어 봐야지 하는 막연한 생각을 가지게 되었다. 계획적이고 과학화된 영농과 그렇지 않은 영농과의 차이가 얼마나 큰 것인지 이곳에서 목격했기 때문이다.

이 일은 나중에 내가 대학을 졸업하고 농사일을 하려는 학사농(學士農) 1만 명을 이스라엘의 키부츠와 모샤브에 보내 훈련하고 선진농법, 계량농업과 협동노동을 통한 최첨단 농업을 체험케 하려는 계획을 세우는 계기가 되었다. 나아가 정신교육을 통해 제2의 새마을 운동으로 승화시켜 낼 수 있는 협동조합운동을 꿈꾸기도 했었다.

그래서 후일 농협과 논의해 우선 영농지도사들을 이스라엘로 초청해 그들을 모샤브 공동체에 보낸 적이 있었다. 그리고 농사짓는 현장에서 함께하도록 하는 자원봉사자로 참여시켰지만 이 일은 결국 농협중앙회장의 교체로 계속 이어지지 못했다.

개인적으로 나는 이 중도하차가 한국 농업발전을 더디게 했다고 생각한다.

지금도 당시에 만났던 영농지도사들 중에서 지역농촌지도자들로 발전한 사람들과 아쉬움 속에서 교제하고 있다. 특히 농어촌의 어려움과 영소농들의 상대적 박탈감을 보면서 키부츠와 모샤브의 정신을 제대로 교육했더라면 어땠을까라는 생각을 하곤 한다. 후일 김영삼 대통령 당시에 대통령 직속으로 농업발전위원회를 통해 이스라엘 키부츠와의 만남이 이어지게 된 것은 다행스러운 일이었다. 한국 농촌에 이스라엘의 경량 온실을 공급하고, 국토의 30% 이상을 차지하는 야산을 개발해 농토로 만들 수 있는 간단한 급수시스템을 개발하자는 의견을 제시했었다. 이 일을 성사시키기 위해서 힘껏 노력했던 기억이 있다.

지금도 생생한 것은 그들이 네게브 사막 한가운데를 개발해 새우 양식장을 만들고 싱싱한 대하를 생산했던 일이다. 바다에서 키우거나 바닷가여야만 가능한 새우 양식을 물이 없어 사막화가 진행된 황량한 들판에서 보게 될 줄은 꿈에도 몰랐다. 이 일은 나중에 사업화되어서 한국의 수산업계에 소개되기도 하였고, 한국수산연구원의 연구진을 이스라엘로 초청하여 공동 연구로도 이어졌다.

따지고 보면 이 모든 것들이 결국 다 만남으로 인해 이루어진 열매들이었다. 하나님 안에서 만남이야말로 역사를 이루는 첫걸음이었다. 이처럼 나와 키부츠의 만남은 후일 많은 것을 이루어내는 첫 번째 단추였다.

히브리대학 도서관에서 성경에 빠지다

> 말씀의 은혜가 광풍처럼 내게 밀려오면 나는 숨소리 내는 것조차
> 어려울 정도로 가슴이 벌렁거렸다. 성경책을 넘길 때 성경 속의
> 글자가 벌떡 일어나 걸어 다니는 것을 느낄 수 있었다. 글씨가 몇
> 배로 커지며 내 가슴속으로 빨려들어오는 것도 경험했다.

키부츠 두 곳을 경험하며 6개월 정도 일하고 또 이스라엘 곳곳을 여행하며 세계의 젊은이들과 교제한 것은 새로운 경험이자 세계는 크고 넓다는 것을 알게 해 준 귀한 기회였다.

나는 이제 이스라엘에서 일정을 마쳤으니 미국 스탠퍼드대학교 대학원으로 가서 법을 더 공부하면 되는 상황이었다. 그런데 갑자기 나를 이스라엘로 보내 준 류태영 박사가 이스라엘에서 계속 공부하길 원하면 장학금을 받고 공부할 수 있게 해 주겠다는 제안을 하셨다.

히브리대학은 이스라엘 국립대학이자 세계적으로도 인정받는 명문대학에 속했다. 사실 귀가 솔깃했다. 미국에 가서 새로운 세계에 도전해 보는 것도 좋겠지만 그곳에서 공부하려면 지속적인 학비 마련 등 여러 가지 힘든 일들과 부딪쳐

야 했다. 나는 갈등했으나 어느 정도 익숙해진 이스라엘에서 공부하는 것도 괜찮겠다는 생각이 들었다. 단지 히브리어를 빨리 습득해야 한다는 문제가 있었다.

류 박사님은 내게 히브리대학교의 비른 범 교무처장과 이스라엘 외무부로 가서 국제협력국장을 만나라고 했다. 이야기를 해 두었으니 그 사람이 나를 보고 최종 결정을 할 것이라고 했다.

나는 하나님이 주신 달란트인지 아니면 내 스타일인지 모르겠지만 그 누구 앞에서도 쭈뼛거리거나 당황하는 법이 없다. 당당하게 내 의사를 정확히 밝히고 또 요구하곤 한다. 나는 국제협력국장에게 이렇게 말했다.

"제가 키부츠 두 곳에서 일하고 나니 이스라엘에 매력을 느껴 이곳에서 더 공부하고 싶습니다. 정부장학생으로 선발해 주실 수 있을지 소개를 받고 왔습니다."

국제협력국장은 내게 이것저것 질문을 했고 결국 정부장학금 지급을 결정해 주었다. 그러나 나는 이것으로 양이 차지 않았다.

"전 결혼을 했고 이제 아내와 막 태어난 아이도 이곳으로 데려와 함께 생활해야 합니다. 학교에 다니면 생활비가 많이 드는데 이를 도움받을 길은 없을까요."

그렇게 학비 외에 생활비 500불을 매달 추가로 받기로 했다. 대신 히브리대학 입학시험에서 합격해야 한다는 조건을 걸었다.

나는 히브리대학 법학대학원에서 '범죄학'을 전공하기로 하고 시험공부에 들어갔다. 히브리어는 여간 어려운 언어가 아니었다. 학과 정원이 25명이었는데 밤잠을 안 자고 공부한 보람이 있어 당당히 합격했다. 아마 외국 학생이라 조금은 봐 주었을 거라는 생각도 든다.

나는 이곳에서 본격적으로 수업을 들으며 공부에 정진했다. 세계 유명 대학들의 공통된 특징은 대학교 도서관이 잘 되어 있다는 점이다. 법과대학 도서관에서

예루살렘 유학생활을 처음 시작한 하네빔(선지자 거리)의 수녀원에서 운영하는 기숙사에서

공부를 시작했는데 이스라엘 법이라는 것이 결국 파고 들어가면 성경으로 거슬러 가야 했다.

모세 5경이 결국 유대교와 히브리민족의 법적 전통을 알려주는 교과서였다. 그래서 이스라엘 고대법을 연구하려면 모세 5경을 필히 읽어야 했다. 이를 먼저 잘 이해하지 못하면 이스라엘 법 자체를 잘 이해하지 못하게 되는 상황이 되고 마는 것이다.

나는 이스라엘의 역사와 문화에까지 심취해 들어갔고 이를 위해 법과대학 도서관이 아닌 본관 도서관으로 가서 성경을 읽기 시작했다. 가운데에 큰 한글 성경책을 갖다 놓고 히브리어 성경과 헬라어 성경, 영어 성경을 비교해 가며 읽어 나가기 시작했다. 히브리어와 헬라어는 아직 부족하긴 해도 그 본뜻을 이해하려고 많이 노력했다.

나는 성경을 열심히 읽어나가며 성경이 하나님의 성령으로 쓰인 영감의 책이라는 사실을 확실히 알게 되었다. 아침에 도서관에 가서 성경을 읽기 시작하면 저녁까지 자리를 뜨지 못했다.

말씀의 은혜가 광풍처럼 내게 밀려오면 나는 숨소리 내는 것조차 어려울 정도로 가슴이 벌렁거렸다. 성경책을 넘길 때 성경 속의 글자가 벌떡 일어나 걸어 다니는 것을 느낄 수 있었다. 글씨가 몇 배로 커지며 내 가슴속으로 빨려들어오는 것도 경험했다.

법학 공부를 위해 시작한 모세 5경 성경 읽기가 결국 하나님께서 나를 만져 믿음의 세계로 한층 발을 딛게 만드는 계기를 열어 주었다. 법학 공부가 나를 성경 공부로 이끌어 버린 것이다. 크리스천이긴 했어도 깊이 있는 신앙생활을 못 했는데 이스라엘에서 성경을 읽으며 하나님을 뜨겁게 만날 수 있었다.

나는 은혜에 취해 이스라엘에 유학 온 분들과 모여 성경공부반을 만들어 공부를 시작했다.

당시 이스라엘은 류태영, 민영진, 강사문 박사님 등이 학위를 마치고 귀국하시고 이어 권혁승(서울신학대 교수), 최영철(현 서울장신대 교수), 최창모(현 건국대 교수), 김성(현 협성대 교수), 조철수 교수(작고), 정호진(농촌 · 청소년재단 상임이사), 허억(건국대 교수), 전상영(전남대 교수), 김종진(건국대 교수), 박호균(사업) 씨 등이 공부하고 있었고 이들 중 대부분이 모여 기도회와 성경공부를 함께 했다.

전공은 달라도 한마음으로 기도하고 성경공부하는 것에는 이견이 없었다. 우리는 각자의 집을 돌아가며 장소를 정해 기도회를 가졌고 작은 것도 나누며 이곳에서의 생활을 즐기려고 노력했다.

내 신앙은 이때 성경을 읽으며 깊은 영적세계에 빠져들어 성경공부했던 것이 1차 변화였다면 두 번째 영적 전환은 후일 내가 여행사 오너가 되어 로마에 갔을 때였다. 이것은 내가 신앙적으로 한 단계 다시 변화되는 사건이기도 했다. 이때 간증을 소개하고자 한다.

늘 말로만 듣던 여의도순복음교회 조용기 목사를 뵐 기회가 생겼다. 유럽 성회를 준비하시며 행사 관련 대외 섭외를 우리 여행사에 맡겨주신 것이다.

나는 이 때문에 로마로 날아가 조용기 목사를 처음 만났다. 당시 성도들도 100여 명 이상 동행했는데 갈릴리여행사가 로마 성회를 위해 호텔과 집회장소 등 전반적인 준비를 했다.

가톨릭교회의 심장부인 로마에서 개신교계의 대표적인 목회자가 5,000명의 군중을 모아 대규모 집회를 한다고 해서 안전문제에 각별히 신경을 썼다. 조 목사님 바로 앞방을 나에게 배정해 항상 함께 있도록 하고 나는 수행비서의 일을 해야 했다.

집회 중 잠시 시간을 내어 목사님을 모시고 로마에서 유명한 트레비분수를 찾았다. 차도 마시고 아이스크림도 나누며 조 목사님의 소탈하고 인간적인 면모를 볼 수 있어 개인적으로 아주 의미 있는 시간이었다.

다음날 호텔 조식 시간이었다. 그날 나는 말로만 듣던 기적의 현장을 바로 내 눈앞에서 똑똑히 목격했다.

잘 걷지 못하는 사람이 나폴리에서 조 목사 집회에 참석하고 있던 중, 조 목사님을 만나 직접 기도를 받고 싶다고 안전라인을 뚫고 식당으로 갑자기 업혀 들어온 것이다. 조 목사님은 식사하시다 말고 통역을 앞세워 그를 붙잡고 기도하기 시작하셨다. 기도를 마쳤을 때였다. 그를 업고 들어온 사람이 등을 다시 내밀었지만 그는 "나는 걸을 수 있어!"라고 외치며 당당히 걸어서 그 자리를 떠났다.

나는 큰 충격을 받았다. 그때까지 내가 가지고 있던 이성적인 기독교의 벽이 여지없이 허물어졌던 것이다. 그때까지 나는 성경을 보다가 의문스러운 것은 그 자리에서 문헌적으로 확인하는 절차를 반드시 거치면서 감성보다는 이성으로 신앙을 이해하려고 했다. 그런데 이 사건으로 나의 신앙에 엄청난 변화가 생겼다.

"예수님이 베푸셨던 성경의 기적이 바로 이 시간, 오늘날에도 일어나고 있구나. 하나님은 지금 이 시각에도 우리와 함께하시며 생사화복을 주장하시는 분이 확실한 것을 인정합니다."

다시 한 번 성경의 무오성을 인정하지 않을 수 없는 순간이었다. 이 만남으로 인해 나는 진정한 거듭남을 사모하게 되었고, 진정한 기독인의 삶을 찾는 일에 더욱 매진하게 되었다.

히브리대학에서의 성경 읽기와 로마에서의 사건은 나로 하여금 신앙적 태도와 영적 가치관을 바꾸게 한 획기적인 일로 내 신앙의 영적 자양분이 되었다.

쉐라톤호텔의 초고속 주방장

나는 이 쉐라톤호텔에서의 파격적인 주방장 선임 사건을 겪으며 귀중한 교훈 하나를 배웠다. 그것은 "아무리 하찮은 일이라도 최선을 다하라"는 것이다. 많은 사람들이 눈에 보이는 것에만 치중해 자신을 포장하지만 당장은 눈에 띄지 않는 것 같아도 그 사람이 갖고 있는 진실한 마음이나 행동은 언젠가는 인정받게 된다.

키부츠에서 생활하다 히브리대학에서 본격적인 유학생활을 시작하게 되면서 학교가 있는 예루살렘으로 주거지를 옮겨가야 했다.

나는 예루살렘의 '선지자의 거리'에 있던 한 수녀원의 문간방을 빌려 생활했다. 가난한 유학생으로 생활비가 넉넉지 않아 절약하고 또 절약해야 했기에 월세도 싼 곳을 찾아야 했다.

당시 한국은 개발도상국이었지만 경제개발이 막 진행되던 시기라 못사는 나라에 속했고 나 역시 '제3세계에 주는 장학금'의 혜택을 받으며 공부하고 있었다.

이스라엘에서 살다 보니 생활비가 너무 비쌌다. 작은 나라라 많은 공산품들을 주로 수입해다 썼기에 더 그런 것 같았다. 나는 뭔가 아르바이트를 하지 않으면 안 되는 상황이었다. 학교에서 주는 월 500달러의 생활비는 아이까지 있는 나에게 턱없이 부족했다. 히브리어가 자유롭지 않으니 할 수 있는 일도 지극히 제한적이었다.

그런데 예루살렘에서 고급에 속하는 쉐라톤호텔에 일식당이 하나 있는데 제법 운영이 잘되었다. 당시 일본인 관광객이 막 늘어나기도 했지만 유럽이나 타지에서 온 여행객들도 일식을 아주 좋아했다. 이 식당의 전문요리가 철판구이(대판야끼)여서 일본식당다운 느낌을 주려면 동양인 직원이 많아야 했다. 그래서 한국유학생과 일본유학생, 때론 중국유학생을 아르바이트생으로 썼다. 나도 이곳에서 일해보라는 일본인 친구의 권유로 쉐라톤 일식당 매니저와 간단히 인터뷰한 뒤 아르바이트생으로 취직되었다.

이곳 대판야끼 매니저는 '자할라' 란 이름을 가진 젊은 유대인 여성이었다. 나는 자할라의 지시를 받아 청소든 접시 닦는 일이든 주어진 일에 정말 성실하게 최선을 다해 일했다. 자할라는 호탕하게 웃기도 하고 어깨를 툭툭 치는 등 동양인인 내가 보기엔 여성스러운 면이 약해도 특별한 매력이 있었다. 눈에 장난기가 담뿍 담긴, 억척스러운 모습의 자할라는 군대도 다녀왔고 모든 면에서 씩씩하고 자신이 넘쳤다. 이스라엘은 남자나 여자나 고등학교를 졸업하면 남녀가 평등하게 군대에 입대해야 한다. 이스라엘의 여성들은 군대를 다녀와서 그런지 남자나 다를 바 없이 터프하고 망설이거나 주춤거리는 것이 없었다.

대판야끼에서 음식을 준비하는 종업원 모두가 유학생이고 히브리어가 서툰 상태였기에 손님들과는 주로 영어로 대화했다. 충분하게 의사소통을 하기 어려운 상황이어서 직접 하는 요리보다는 주로 주방 보조에 가까운 일들을 맡았다. 식당 보조일은 사용할 채소를 잘 다듬고, 양파를 적당한 크기로 자르고, 마늘을 까고 감자껍질을 벗기는 등 아주 기본적인 일이었다.

우리 유학생들에겐 하루 24시간이 너무나 부족했다. 공부만 해도 수업을 따라

가기 힘든 상황에 아르바이트까지 해야 했으니 보통 잠깐 있는 휴식시간에도 히브리어 단어장을 꺼내들거나 학과 책을 펴들었다. 그러지 않으면 따라가지 못했다.

나는 한국에서 전혀 안 해 본 주방일을 일본 옷을 입고 하려니 그렇게 어색하고 부끄러울 수가 없었다. 그래도 이게 다 경험이라 여기며 즐거운 마음을 가지려고 노력했다.

가끔 손님이 많을 때는 아르바이트 고참 순으로 홀에 나가 즉석 철판요리를 손님들에게 제공해야 했다. 요리사가 부족할 경우 고참부터 요리할 자격을 준 것이다. 이를 위해 반드시 요리기술을 잘 배워야 했다.

그러던 어느 날 대판야끼 주방장인 요시의 아버지가 일본에서 돌아가셨다는 연락이 왔다. 요시는 급하게 일본으로 다니러 가게 되었다. 따라서 그를 대신할 주방장 대리를 급히 선임해야 할 상황이 되었다. 이 보조주방장 임명은 매니저 자할라의 고유 권한이었다. 그런데 깜짝 놀랄 일이 생겼다.

"미스터 정, 주방장 대리 역할을 당분간 맡아 주세요. 미스터 정이면 잘해낼 수 있을 거예요. 부탁합니다."

자할라의 말에 정신이 아득했다. 나는 보조 중에서도 제일 말단이었는데 갑자기 초고속 승진이니 내겐 좋을지는 몰라도 순위대로 주방장을 기대했던 동료들에게는 말도 안 되는 일이 벌어진 것이다.

자할라는 당황하는 내게 차분하게 이렇게 말했다.

"그동안 미스터 정이 일하는 모습을 지켜보았어요. 시선을 의식하지 않고 맡겨진 일에 최선을 다하고 또 성실하게 하는 모습에 감동을 받았죠. 우리는 미스터 정과 같은 성실한 사람을 원합니다."

그러나 나와 함께 아르바이트하고 있던 동료들의 얼굴이 확 떠올랐다. 이스라엘로 유학 온 학생들의 전공이 대부분 신학이기에 함께 이곳에서 일한 선배들

중에는 목사, 전도사들도 많았다. 호텔에서 함께 일하고 있던 선배 목사님들을 다 제쳐놓고 내가 주방장이 되는 것은, 비록 대리이고 잠시라고 하더라도 내키지 않는 일이었다.

나는 완곡하게 제안을 거절했다. 자할라가 시급을 배로 올려 줄 터이니 수락하라고 거듭 제의했다.

"최선을 다하는 사람에게는 이런 행운이 있는 법입니다."

자할라는 웃으면서 자신의 주장을 조금도 굽히지 않았다. 내가 주방에서 일하는 모습과 홀에서 손님을 맞이했을 때의 태도를 보고 종합적으로 내린 결정이기 때문에 당신이 적임자라는 말만 계속했다. 단어장을 옆에 끼고 시간만 채우려고 천천히 일하고 있는 일본 유학생들과 달리 감자 하나를 다듬더라도 정성 들여서

히브리대학교에서 첫 강의를 마치고

빠르게 하고, 눈물을 흘리며 양파를 다듬어도 예쁘게 다듬어 내었다는 것이 그녀의 말이었다. 언제 나를 그렇게 세심하게 살폈는지 나도 몰랐다. 내가 손님들에게 고기를 구워 내놓았을 때도 퇴짜를 맞은 일이 없었다며 부담 갖지 말고 수락하라는 말에 더 이상 거절의 명분이 없었다.

주방장이 된 것은 내 생활에 큰 영향을 준 사건이었다. 물론 나도 유학생이라 계속 호텔 주방장으로 지낼 순 없었다. 이후 아내가 딸을 데리고 예루살렘에 합류하고 난 뒤에도 이곳에서 한동안 아르바이트를 했지만 일하는 내내 동료들의 눈총이 예사롭지 않았다.

나는 이 쉐라톤호텔에서의 파격적인 주방장 선임 사건을 겪으며 귀중한 교훈 하나를 배웠다.

그것은 "아무리 하찮은 일이라도 최선을 다하라"는 것이다. 많은 사람들이 눈에 보이는 것에만 치중해 자신을 포장하지만 당장은 눈에 띄지 않는 것 같아도 그 사람이 갖고 있는 진실한 마음이나 행동은 언젠가는 인정받게 된다.

결국 이 일도 작은 것에 충성해 큰 것을 얻은 예라 할 수 있다. 양파 잘 까서 주방장 되고, 총장도 되는 것이다. 최선을 다하는 삶은 반드시 성공하는 것이 바른 이치다.

나는 요즘도 가끔 주방에 들어가 쉐라톤 특급호텔에서 쌓은 현란한 요리 솜씨를 선보인다. 나의 칼 놀림과 고기 굽는 솜씨를 보길 원한다면 누구에게든 시범을 보일 용의가 있다. 연락해주길 바란다.

라이선스 넘버 7161 미스터 정

나는 성지 현장에서 가이드하는 것으로 끝내지 않았다. 밤에 호텔로 돌아오면 모두 모이도록 해 오늘 본 성지에 대한 지도와 장소들을 슬라이드 필름으로 다시 보여주면서 복습하고 또 내일 볼 것에 대해 예습을 시켰다.

성서의 땅, 이스라엘을 찾는 한국인 순례자가 많아지기 시작했다. 처음엔 미주지역 교포들이 이스라엘을 찾기 시작했는데 한국도 세계여행 자유화가 되면서 성지순례객들이 본격적으로 늘어났다.

처음엔 이스라엘 안내자의 통역으로 일했지만 나중엔 가이드까지 요구받게 되었다. 그래서 당시 이스라엘에 유학 중이던 대부분의 학생들이 이 일을 하게 되었다. 나 역시 가족들과 힘들게 유학생활을 하던 터라 나에게도 기회가 주어졌으면 했는데 드디어 요청이 왔다.

이때만 해도 성지순례엔 유대인 가이드가 꼭 따라가야 했고 그의 설명을 통역해 주는 것이 한국 가이드의 주 임무였다. 그런데 막상 내가 가이드로 통역을 해보니 예수님을 바라보는 시각 자체가 우리 개신교와는 너무나 달라 어려움이 있었다. 유대인의 시각, 유대교의 관점에서 보는 기독교를 주입받게 되면 결국 유대교를 잘 이해해야 하는데 성도들이 그렇지 못하니 문제였다.

나는 한국인도 정식 가이드 자격증을 받아 단독으로 안내할 수 있어야 한다고 판단했다. 그래서 이스라엘의 관광부(Ministry of Tourism)를 한병훈 선배와 함께 설득하기 시작했다.

"앞으로 한국과 아시아권에서 많은 성지순례객들이 몰려 올 것입니다. 언제까지 유대인 가이드만 고집하실 건가요. 일일이 통역해 안내하는 건 많은 것을 보아야 하는 여행객에게 시간을 낭비하게 합니다. 그 나라의 언어로 안내하게 해 주세요."

우여곡절 끝에 우리의 요청이 통과되었다. 그래서 한국, 중국, 일본의 유학생들을 한자리에 모아 여름방학 기간을 이용한 '특별 이스라엘 성지 가이드 스쿨'을 열었다. 우리는 열심히 공부해서 성지를 안내할 수 있는 자격(라이선스)을 얻는 데 성공했다. 나의 라이선스 번호는 7161이었다.

그런데 관광부의 허락이 있었음에도 자신들의 일거리가 줄어들 것을 염려한 이스라엘 가이드 협회의 항의와 방해도 만만치 않았다. 그들은 "너희 나라로 가라. 왜 이스라엘에 살며 우리의 권리를 침해하느냐"며 거세게 항의했다. 그들의 입장도 이해가 되었다. 어느 나라건 외국인에게 자기 나라를 소개할 수 있는 자격을 주는 일이 많지 않았고 우리가 특별한 케이스였던 것이다.

나의 좌우명은 어디서나 최선을 다하자는 것이었다. 일단 가이드계에 발을 들여 놓았고 관광부까지 설득해 자격증까지 받은 이상 사명감을 가지고 가이드에 임하기 시작했다.

더구나 나는 이때 성경에 깊이 몰입돼 은혜가 충만했던 시기였다. 성경의 내용을 기독교인에게 기독교인의 시각에서 성서를 배경으로 해서 소개할 수 있게 된 것 자체가 큰 사명이라 여겼다.

그래서 내가 성지순례객을 받으면 이분들이 정말 성지 이스라엘에서 영적 도전과 하나님의 살아계심, 예수님의 행적을 선명하게 보고 느끼고 깨닫게 되길 원했다.

또 어설픈 성경지식으로 가이드했다가 자칫 망신당할 수 있는 곳이 바로 이곳 이스라엘이었다. 누가 누군지 모르는 상태인데 성지순례객 중에 구약을 전공한 신학교 교수가 있을 수 있고 성경에 정통한 목사님도 얼마든지 있을 수 있기 때문이다. 자칫하면 공자 앞에서 문자 쓰는 꼴이 되는 것이다.

이스라엘은 대통령도 은퇴하고 나면, 외국 손님들에게 이스라엘을 소개하는 가이드로 살고 싶다고 할 만큼 이스라엘의 가이드는 프라이드가 대단하다. 그것은 이스라엘이 다른 관광지와 달리 성경이라는 텍스트가 있는 학문적이며 신앙적인 가이드를 하기 때문에 나름 자부심도 대단했던 것이다.

나는 성지 현장에서 가이드하는 것으로 끝내지 않았다. 밤에 호텔로 돌아오면 모두 모이도록 해 오늘 본 성지에 대한 지도와 장소들을 슬라이드 필름으로 다시 보여주면서 복습하고 또 내일 볼 것에 대해 예습을 시켰다.

아예 프로젝터와 스크린을 버스에 싣고 다니면서 수시로 강의를 했고 시간관계상 미처 보지 못한 곳은 슬라이드를 통해 공부하고, 우리가 방문할 지역에 관한 성경을 반드시 미리 읽도록 했다.

그리고 동트기 전에 일찍 출발해 이동시간을 절약하는 열성을 보였다. 그러자 일부 순례객들이 너무 힘들다며 항의하기도 했다.

"너무 강행군을 해서 죄송합니다. 그러나 이스라엘에 사는 저로서는 하나님이 역사하신 성경의 무대를 좀 더 자세하게 보여드리고 싶습니다. 또 신앙적으로 감동과 영적 성장의 계기를 맞으셨으면 하는 욕심에 그랬습니다."

일부 순례객의 항의에도 불구하고 내 스타일대로 프로그램을 진행했다. 비싼 돈을 내고 힘들게 오셨는데 더 많은 것을 보고 깨달으셔야 한다는 것이 솔직한 내 심정이었다.

그런데 이렇게 몇 팀을 하고 나자 한국에 서서히 소문이 나기 시작했다. 그것은 이스라엘에 가면 정효제 가이드를 만나야 진짜 순례를 할 수 있다는 내용이었다. 이는 입에서 입으로 전해졌고, 나를 필요로 하는 순례단이 계속 많아지기 시작했다. 처음엔 학업과 병행한 가이드였는데 일이 많아져서 학업을 잠시 쉬기로 했다. 나 때문에 먼 길을 오신 성도들에게 못하겠다고 손사래를 칠 수 없었다.

예루살렘 페스티벌에 초청된 김덕수 사물놀이패와 함께. 예루살렘 극장과 성전 통곡의 벽 앞에서, 벳샨의 로마 극장에서 공연이 펼쳐졌다. 한국문화를 소개하는 한인회장으로서의 활동이었다.

당시 이스라엘에는 많은 여행사가 있었다. 이스라엘은 당시 인구가 600만이 었는데 연간 관광객이 500만 정도였다. 가히 관광대국이라 불릴만했다. 이 중에 서도 갈릴리여행사는 규모도 크고 직원도 많아 이스라엘에서도 톱클래스 여행 사에 속했다.

이 회사 사장은 모세 하나넬이란 젊은 친구였다. 동갑내기였지만 아주 역동적 이고 열심이 있는 오너로 주변의 존경을 받고 있었다. 그런데 이 친구가 하루는 나를 보자고 했다.

"미스터 정, 우리 회사에 한국팀이 많이 들어오는데 당신을 가이드로 정해 달 라는 요구가 많네요. 이제 가이드만 하지 말고 우리 회사에 들어와 한국팀을 맡 아 관리해 주면 어떨까요. 물론 가이드도 가끔 나가도 되고."

사실 한국인들이 성지를 많이 찾으니 이를 관리할 한국인이 필요했는데 바로 내 가 낙점된 것이다. 이때 학교도 휴학했던 터라 아예 이 일에 매진해 보기로 했다.

"좋습니다. 우리 한번 손잡고 열심히 일해 봅시다."

나는 졸지에 이스라엘 갈릴리여행사 직원이 되었다. 1990년의 일이었다.

니네가 김치 맛을 알어?

나는 이스라엘에 한인회도 구성되지 않은 데다 교민 수도 적어 영사관이 설
치되지 않는 것으로 판단했다. 그래서 한인회가 있어야 한다고 여겨 예루살
렘을 중심으로 유학생들을 모아 이스라엘한인회를 구성했다.

유학생 신분으로 이스라엘에서 지내다 보니 여권 기간이 만료되면 연장신청
을 해야 하는데 이스라엘 내에는 영사업무를 보는 곳이 아예 없었다. 한국과 이
스라엘은 1962년에 대사급 수교 국가가 되었지만 오일 쇼크 등을 겪으면서 아랍
국가들과 적대관계에 있는 이스라엘에 공관을 두기에는 한국으로서는 역부족이
어서인지 영사관도 설치되어 있지 않았다. 또한 교민들의 민원 업무도 이스라엘
과 겸임대사를 맡고 있던 이탈리아에서 담당해야 하지만 거리상으로 무리가 많
았다.

1980년 이집트와 이스라엘 간에 평화협정이 맺어지고 난 이후에 이스라엘의
민원 업무는 이집트 카이로에 있는 총영사관이 담당하게 되어 있었다. 이스라엘
예루살렘과 이집트 카이로는 새벽에 버스로 출발하면 오후 4~5시에 도착하는

거리였지만 그래도 국가 간의 이동이라 여간 불편하지 않았다.

당시 이집트는 북한과도 우호적이어서 호스니 무바라크 당시 집권 대통령이 북한에도 다녀오고 북한제 무기를 구입하는 등 한국보다 북한과의 관계가 더 좋았다.

나는 이스라엘에 한인회도 구성되지 않은 데다 교민 수도 적어 영사관이 설치되지 않는 것으로 판단했다. 그래서 한인회가 있어야 한다고 여겨 예루살렘을 중심으로 유학생들을 모아 이스라엘 한인회를 구성했다. 초대 회장에 당시 유학 중이던 한병훈 선생을 모셨다.

이듬해 2대 회장이 된 나는 수년간 회장을 이어 맡으며 한인회를 이끌었다. 나는 이스라엘 속에 한국의 이미지를 심는 일에 사명감을 갖고 진력했다.

한국영사관이 없다 보니 한국을 대표하는 일에 한인회장인 내가 나서는 일이 많아졌다. 이스라엘에서 큰 행사나 파티가 있을 때 나를 초청하는 경우가 많아졌고 나는 30대 초반의 나이에 이스라엘 정관계 인사들과 친해질 기회들이 자연스럽게 생겼다.

하루는 이스라엘 영사업무를 대신 보는 주한 카이로영사관 관계자에게 강력하게 항의했다.

"이스라엘 교민들은 언제까지 여권 연장 도장을 받으러 다른 나라까지 가야 하죠? 대한민국이 재외국민을 너무나 방치하는 것 아닌가요. 이제 방법을 찾아 주던지 한인회에서 영사업무를 보게 해 주던지 해주세요."

이런 항의가 먹힌 것일까. 아마 이런 방법이 있었는지 모르겠지만 카이로 총영사관에서 여권 갱신이나 기간 연장 등에 필요한 외무부 양식 등을 이스라엘 한인회에 비치하고 민원인이 이 양식을 작성한 후 우편이나 인편으로 카이로에 보내면 확인 절차를 거쳐 여권을 돌려받게 되었다. 후일에는 순회영사를 요청하여서 외국에서 힘들게 공부하는 유학생들을 도울 수 있었다. 교민들이 한인회에 너무나 고마워했고, 외무부는 장관표창을 나에게 수여했다.

이런 일도 있었다. 한인회 주최로 8.15 광복절 행사를 하기로 했는데 이왕이면 예루살렘 내 독립공원에서 하면 의미가 더욱 있을 것 같았다. 그러나 장소사용이 문제였다. 나는 한국에서 류태영 박사님과 강기천(전 해병사령관) 장군 등이 주축이 되어 설립한 한·이친선협회가 이스라엘 독립 기념 파티를 열었다는 정보를 접했다. 나는 즉각 수화기를 들었다.

"한국에서 이스라엘 독립 기념 파티를 성대하게 열었습니다. 이스라엘 정부도 한국의 독립을 기념하는 광복절 기념 행사에 협력해 주시는 것이 상호주의 원칙에 맞습니다. 독립공원에서 행사를 열고 또 지원도 부탁드립니다."

뭐든지 강하게 밀고 나가면 길이 열렸다. 이 해 한인회가 주최한 광복절 기념 행사가 예루살렘 독립공원에서 뜻깊게 열렸다. 이 행사에 당시 이스라엘 단 티혼(Dan Tichon) 국회의장이 와서 축사도 해주고 행사 후 바비큐 파티도 열며 우의를 다졌다. 이후 단 티혼 국회의장이 나에 대한 보증을 서주어 내가 한국인 이스라엘 영주권 1호자가 되기도 했다.

이스라엘에서 지내며 갈릴리여행사를 운영하는데 당시만 해도 한국이란 나라를 유대인들이 너무 몰랐다. 이스라엘에 한국을 알릴 수 있는 방법이 무엇일까 고심하다가 한국식당을 운영하기로 했다. 이는 한국도 알리고 이곳을 찾은 한국인 관광객들에게 한국음식도 제공할 수 있으니 일거양득이었다.

1992년 예루살렘에 제1호 한인음식점 '코리아하우스'가 문을 열었다. 막 문을 연 예루살렘 게이트호텔 1층을 빌려 인테리어를 한국풍으로 한 뒤 한국음식을 팔았는데 인기가 대단했다. 이스라엘 사람과 여행 중인 외국인들도 많이 찾아왔다. 나는 한국전통음악을 틀고 한국 소개 팸플릿도 비치해 한국의 맛과 멋을 알

김대중 전 대통령과 이스라엘 와이즈만 대통령의 만남에 배석한 필자

리려고 나름대로 노력했다.

여기에 내가 쇼핑센터까지 운영하게 된 이유가 있었다. 평소 잘 아는 목사님 일행이 오셔서 가이드를 보내서 잘 안내해 드리고 터키로 넘어가게 도와드렸는데 갑자기 전화가 왔다.

사해에 가서 사해소금으로 만든 비누를 대량으로 샀는데 공항 면세점에 오니 그곳에서 산 가격보다 훨씬 싸다는 항의였다. 당시만 해도 해외여행이 자유롭지 않아 성도들이 성지순례를 다녀가면 사해비누를 한 장씩 돌리는 것이 보통이어서 모두들 많이 샀는데 이렇게 가격 차이가 나니 항의를 할 만했다.

사해는 생산지이자 관광지라 비싼 가격을 정해놓고 팔기 때문에 일어난 일이었다. 나는 할 수 없이 쇼핑센터를 열어 한국인 관광객들에게 사해비누를 비롯해 기념품을 저렴하게 팔았는데 아주 장사가 잘됐다. 순수한 의도로 했는데 이 사업이 여행사를 하면서 부족했던 부분을 메꿔 주는 효자가 되어 하나님께 감사했다.

나는 이 쇼핑센터에서 한국에서 온 신학자나 교수, 목사님들을 위해 현지 신학전문서적을 구해 드리는 일도 했다. 쥬데이카 백과사전(Encyclopedea of the Judaica)이나 히브리대학교 출판부의 전문 신학서적 등 신학자들이나 목회자들에게 필요한 자료를 공급하고, 번역이 필요한 자료들을 한국어로 번역하여 발행하였다. 연세대학교 신과대학 교수를 역임한 김영진 박사는 이 사역의 동참자여서 『알파벳의 기원(Origin of the Alphabet)』이라던지 『예수님 당시의 이스라엘(Steimatzky출판사)』 등을 함께 만들었다. 이스라엘을 소개하는 비디오를 최초로 한국어로 더빙하기도 했는데, 아내 이명희와 내 목소리로 만든 최초의 작품이었다.

이 무렵 또 하나 기억나는 일이 있다. 지금은 고인이 되셨지만 김대중 전 대통령이 정계 은퇴를 선언하고 영국 케임브리지대학에 가서 연구원으로 공부하셨다. 이후에 한국으로 귀국하시면서 이스라엘에 일주일 정도 머무르게 되었다.

이때 김 전 대통령은 이스라엘에 있던 트루먼연구소와 함께 이곳에서 '한국통일방안연구'란 주제의 연구논문을 발표하게 된다. 사실 이 발표회는 조심스레 정치재개 의사를 밝히는 신호탄이기도 했다.

김대중 전 대통령이 이스라엘 방문 시 내가 김 전 대통령과 일행을 에스코트하면서 통역도 하며 이스라엘 정치인들과 연결고리를 맺게 해드리는 역할을 했다. 김 전 대통령을 만나면서 내 안에 깊이 잠들었던 대학 시절 데모했던 야성이 막 살아 올라오기도 했지만 애써 억눌렀다. 절대 정치는 하지 않는다는 다짐을 했기에 이후에도 몇 차례 정계에서 유혹했던 손짓을 물리칠 수 있었다.

여행사를 하면서도 '이스코 라인'이란 종합무역회사를 차렸다. 이스코는 이스라엘과 코리아의 앞자를 딴 것이다. 이 회사는 한국과 이스라엘의 무역을 중계하는 창구역할을 해주기도 했다. 이스라엘의 앞선 물건들을 소개하고 첨단 농법을 알리는 역할을 했다. 참 열심히 일했고 보람도 컸던 시기였다. 하루를 24시간이 아닌 48시간으로 쪼개어 뛰었던 바쁜 시절이었다.

위기가 기회, 갈릴리여행사의 대성공

> 나는 대규모여행사에서 6개월간 익힌 기획력과 프로모션을 최대한 동원해 갈릴리 여행사를 단시일에 성장시켰다. 걸프전이 끝나면 그동안 이스라엘을 가지 못해 기다리던 수요가 한꺼번에 폭발하리란 내 예상은 정확히 들어맞았다.

이스라엘 내 갈릴리여행사 사장 모세 하나넬의 요청으로 여행사에 입사해 열심히 일했다. 하나넬 사장에 대해 이야기를 하는 게 좋을 것 같다.

키가 2m가 넘는 거구의 하나넬은 큰 몸집만큼이나 인간적인 면모도 컸다. 그와의 만남은 내가 이스라엘의 주류사회로 들어가는 통로가 되어 주었다.

갈릴리여행사 오너인 그는 한국에 지대한 관심을 가지고 시장개척을 하고 있는 중이었고 자연스레 나를 만나 도움을 요청한 셈이었다. 한국의 기독교 성지순례 역사는 그를 빼고 이야기하기 어렵다.

나는 그로부터 국제 프로모션을 배웠고, 현지 사람들을 만났으며, 유대인과 함께하는 국제 비즈니스들을 차근차근 익힐 수 있었다. 처음에는 하루 두 시간씩 일하는 텔렉스 오퍼레이터로 일을 시작했지만 한국 순례자가 폭발적으로 많아지

모세 하나넬의 아들 할례식에 참석해서 모세 하나넬과 함께

자 6개월 만에 단독 사무실에 비서를 둔 회사의 부사장으로 승진할 수 있었다.

이것은 있을 수 없는 아주 파격적인 대우였다. 내 능력을 그가 200% 이상 평가한 결과였다. 나는 부사장이 된 후 히브리대학교 평생교육센터인 마틴 부버 연구소와도 MOU를 맺고 한국에서 온 목회자들이 이곳에서 며칠간 공부하도록 프로그램을 만들었다.

히브리대학교에서는 나에게 순례자들이 여권을 받을 수 있는 초청장에 서명할 수 있는 권한을 위임했고, 수료증까지 발급해 주었다.

사업차 한국에 귀국해 히브리대학교 수료증과 성지순례증명서를 벽에 붙여 놓은 목회자들을 많이 만날 수 있었다. 지금은 일반화가 된 성지연수가 당시에는 매우 귀한 대접을 받았던 것이다.

나는 한국팀이 계속 들어와 정신없이 바빴지만 주어진 일에 최선을 다해 이들이 만족스럽게 성지여행을 하고 돌아가실 수 있도록 배려했다.

이 무렵 후일 연세대 부총장을 지낸 박준서 박사님이 성지에 오셔서 일정 내내 성지를 안내해 드렸다. 성지의 여러 가지 자료를 챙기시고 사진도 많이 찍으신 박사님은 한국에 돌아가 조선일보에 성지 곳곳을 소개하는 연재를 하셨는데 이것이 한국교회에 성지순례 붐을 일으키는 촉진제가 되었다. 그리고 이 내용은 성지소개 책으로도 제작돼 베스트셀러가 되었다.

6개월 만에 부사장이란 엄청난 타이틀을 받은 것은 내부에서도 말이 나올 만큼 큰 사건이었고 나 역시도 매우 놀랐다. 내게 임원직을 준 것은 한국 성지순례객이 기하급수적으로 늘어나니 이를 잘 컨트롤 해달라는 요청이기도 했다. 그러나 내부에서는 나를 업무적으로 은근히 괴롭히고 승진을 못마땅하게 여기는 사람들도 많았다.

그런데 한창 상승기를 타던 한국인의 성지순례가 갑자기 예상치 못한 암초에 걸렸다. 걸프전이 터진 것이다. 중동의 화약고로 불리는 이스라엘이 위험하다고 사람들이 이곳을 방문하지 않는 것은 너무나 당연했다.

그 바쁘던 성지순례 안내가 정말 말 그대로 딱 끊겼다. 나 역시 위험할 수 있는 이스라엘을 떠나 가족과 로마로 잠시 피해 있었다. 그만큼 심각한 상황이었다. 전쟁이 생각보다 길어져 모두들 맥이 빠져 있었다.

1991년 겨울이었다. 잠시 한국에 들렀는데 이제 곧 걸프전이 끝나겠다는 예감이 어렴풋이 들었다. 그러면 다시 성지순례객이 모여들 텐데 그에 대한 준비를 아무도 하지 않고 있었다.

그렇다면 내가 직접 여행사를 운영해 보기로 했다. 나를 믿고 도움을 준 모세 하나넬에게는 이렇게 말했다.

"따로 갈릴리여행사란 이름으로 회사를 차리려고 합니다. 제가 회사를 차려도 어차피 차량이나 호텔, 식사는 당신 여행사 것을 연결해 쓸 것이니 지금과 별 차이가 없습니다. 내가 일을 편하게 하려는 것이니 이해해 주십시오."

그래서 설립된 것이 현지법인으로 새로 문을 연 갈릴리여행사였다. 나는 대규모여행사에서 6개월간 익힌 기획력과 프로모션을 최대한 동원해 갈릴리 여행사를 단시일에 성장시켰다. 걸프전이 끝나면 그동안 이스라엘을 가지 못해 기다리던 수요가 한꺼번에 폭발하리란 내 예상은 정확히 들어맞았다.

갈릴리여행사는 계속 성장을 거듭하면서 이스라엘에 본사를 두고 한국에 지사를 설치했으며 유럽 대도시에도 지사 및 네트워크를 갖는 큰 규모의 여행사가 되었다. 당시 한창 잘 나갈 때 18개국에 브랜치를 두고 전체 직원이 200여 명 가까이 되었던 것으로 기억한다.

지금도 내가 자신 있게 또 자랑스럽게 이야기하는 것이 있다. 나는 갈릴리여행사를 통한 성지순례를 결코 돈벌이 수단으로 생각하지 않았다는 사실이다. 크리스천으로서 하나님께서 성지소개를 통해 영적으로 사람들을 깨우라는 사명을 주신 것이라 믿었다. 그래서 이것은 여행업이 아니라 교육사업이라 생각하며 항상 일했고 직원들에게도 이를 주지시켰다.

따라서 일반 여행사의 상업적 접근을 최대한 탈피하고 실속있는 알찬 프로그램을 만들었다. 그러다 보니 타 여행사 프로그램보다 좀 비싼데도 내게 돌아오는 1인당 수익은 따져보면 20달러에 불과했다. 그리고 무슨 문제라도 생기면 모든 책임을 져야 했으니 사실상 사업이 아니라 선교이자 봉사였다.

이 무렵 또 하나 자랑스럽게 여기는 것은 대한항공 카이로 노선을 취항하게 한 것이다. 당시 대한항공 서울여객 지점장이었던 이종희 사장과 손잡고 시작한 이 노선은 주 1회에서 3회까지 늘어났고 이스라엘의 가장 기본순례코스인 '출애굽여정'을 만드는 효자노선이 되어 주었다. 당시 이집트는 한국과 총영사 관계만 맺고 있었는데 이 취항을 계기로 대사급으로 격상되어 외교적으로도 힘을 실어주게 되었다.

나는 이 여행사를 하면서 성지세미나를 여는 등 이스라엘을 알리고 학문적인 유익을 줄 수 있는 일에도 협력을 아끼지 않았다.

예루살렘 게이트호텔은 건설 당시부터 한국 순례자들을 유치하기 위해 많은 노력을 기울였다. 호텔의 사활이 한국에 달려 있다고 할 정도로 의존도가 높았던 호텔의 다비드 카츠 사장은 투숙손님을 적극적으로 보내주는 나와 금방 절친한 친구가 되었다.

그래서 그에게 부탁해 호텔 내에 한국식당 '한국의 집'을 열었다. 간판을 호텔 정문에 붙일 때에는 이스라엘 국회의장을 맡고 있던 단 티혼과 예루살렘 시장 테디 콜렉이 참석해 테이프 커팅을 했다.

세계 최초의 코셔 한국식당으로 이곳에 한국 문화를 소개할 수 있는 그림과 포스터를 붙였다. 이 식당은 한국문화를 알리는 전시장 역할도 충분히 감당했던 것이다.

이 무렵 한국의 롯데호텔 크리스탈볼룸에서 이스라엘 프로모션을 소개하는 행사를 한국 갈릴리여행사 주최로 열었다. 이스라엘 관광부 장관과 동경에 있던 이스라엘 대사까지 모두 참석했다. 참석자들이 넘쳐 호텔 지하의 모든 식당들까지 예약을 더 해야 했을 정도였다.

최초의 이스라엘 성지 포스터도 직접 촬영한 사진으로 만들었고 동아출판사 백과사전부에서 10권으로 제작한 『성서의 세계』 출판에도 관여해 직접 찍은 사진이 책에 실리기도 했다.

이처럼 최선을 다하면 좋은 결과가 나오는 것이다. 1992년의 경우 한국인이 이스라엘에 3만여 명 가까이 성지순례를 비롯한 여행을 다녀갔다. 이 인원의 90%는 갈릴리여행사를 거쳐서 나갔다고 할 만큼 실적이 좋았다.

이런 적극적인 프로모션으로 이스라엘 관광부는 나에게 관광부 장관표창을 수여하고 그 기념으로 예루살렘 성 욥바문 옆에 있는 헤롯왕 궁전터에서 성대한 기념파티를 열어 주었다. 이는 아주 대단한 예우에 해당된다. 그날 저녁에 비추던 고성(古城)에서의 화려한 조명과 생음악이 지금도 기억에 생생하다. 요즘도 가끔 떠오르는 추억의 장면이 아닐 수 없다.

나의 이런 공격적인 경영은 1995년 대한항공 텔아비브 취항까지 만들어 냈고 이스라엘의 많은 정관계 인사들과 교분을 쌓게 해 주었다. 이런 관계를 발판으로 앞에서도 소개했지만 나는 이스라엘 거주 한국인으로 제1호 영주권을 받는 혜택을 누렸던 것이다. 이처럼 나는 이스라엘 성지순례를 개척한 1세대로서의 자부심과 긍지를 갖고 있다.

다시 빈손으로 돌아가다

> 사업이 계속 잘되어 더 큰 부자가 될 수도 있었겠지만 하나님께서 '넌 여기까지'라고 선을 그어 주셨던 것이다. 덕분에 내가 목사가 되고 신학대학 총장이 되고 이제 국제기독학교 설립자가 되어 부족하지만 하나님의 일을 하는 기독 교육자로서의 사명을 다하게 된 것이라 믿는다.

여행사를 운영하며 한인회장을 하던 나에게 이스라엘을 찾은 국가적 손님들이 거의 연결되어 손님 접대를 하게 되었다. 나로서는 많은 사람들을 만나 교제하는 기회를 얻게 되었다.

후일 고 김대중 전 대통령과 이스라엘 대통령과의 만남에도 동석했고 또 라빈 이스라엘 수상이 한국을 국빈 방문할 때도, 단 티혼 국회의장이 방문할 때도 함께 한국에 다녀왔다.

나는 이런 한인회 활동과 문화적인 활동을 통해 국위선양을 했다는 공로로 한국 외무부 장관 표창을 받기도 했다. 평화통일자문회의의 자문 위원, 재외국민의 대표를 맡아 봉사했다.

이처럼 유학생에서 가이드를 하다 사업가로 변신한 나는 브레이크 없는 자동

차처럼 고속으로 질주하고 있었다. 아직 전도양양한 40대 초반이었기에 돈을 벌겠다는 의지보다 사업을 키워 이웃과 사회, 교회를 위해 멋지게 쓰겠다는 생각이 강했다. 성지순례도 마음을 비우고 했기에 빠른 시간 안에 크게 성장한 것이 아닌가 싶다.

그런데 우리의 인생에는 항상 예기치 못한 복병이 숨어 있다. 이것을 알고 대비하면 좋겠지만 불행히 우리는 한꺼번에 몰아치는 엄청난 해일과 파도를 전혀 짐작조차 하지 못한다.

여행업 중에서도 비행기 티켓을 판매하는 여행사가 아니라 해외여행 프로그램과 호텔, 차량, 식사 등의 서비스를 제공하고 그 수수료를 받는 홀셀러(Wholeseller)로서는 과당한 경쟁을 피할 수 없었고 따라서 이익은 기대할 수 없게 되었다. 데리고 있던 직원들도 나가서 쉽게 여행업에 뛰어들었고 경쟁은 나쁜 쪽으로만 발전해 나가던 차에 한국의 신세계백화점과 개최한 '이스라엘 물산전'은 대성공으로 말미암아 큰 불행을 맞이하게 된다. 이는 다음 장에서 자세히 다루겠지만 '기업은 영원하지 않다'는 교훈을 남긴다. 짧고 굵게 한 사업이지만 많은 것을 남기고 접어야만 했다.

나는 회사를 정리하고 이스라엘에서의 생활도 정리한 뒤 한국으로 들어왔다. 당시 세 딸이 중학교 1학년, 초등학교 3학년, 유치원에 각각 다닐 때였다. 개인적으로 힘들게 쌓아왔던 탑이 와르르 무너진 것에 허탈하기도 했지만 애써 나 자신을 다독거렸다.

그런데 귀국한 그 해에 IMF 외환위기가 시작되었다. 내 의지로 여행업을 접지 않았더라면 더 큰 상처를 남기고 접을 수밖에 없었을 것이다. 외환위기 중에 성지순례를 하는 것을 모두들 사치로 여겼다. 하지만 하나님은 이미 피할 길을 만들어 예비해 놓고 계셨음을 나중에 알게 된다.

"정효제! 넌 아직 젊다. 아직 뭐든지 잘할 수 있어. 너의 좌우명인 최선만 다하면 못해낼 것이 없다."

사람이 힘들고 막다른 길에 몰리면 결국 하나님 앞에 무릎을 꿇게 된다. 나 역시 신앙을 가지고 열심히 교회도 출석하고 봉사한다고 했지만 이런 엄청난 핵펀치를 맞고 보니 신앙이 나를 잡아주지 못하고 있었다. 나는 하나님 앞에 매달려 기도했다. 하나님의 사람으로 거듭나 이 어려움을 딛고 멋진 크리스천이 되겠노라고 서원했다.

하나님은 이런 나에게 이스라엘 다국적기업인 네타핌이란 회사의 사장 직책을 통해 새로운 길을 열어 주셨다. 그리고 신앙적으로 더 깊이 들어가게 되면서

이스라엘의 초등학교, 중고등학교 교과서에 한국 가정의 모습으로 실린 가족사진

이스라엘에서 만난 무수히 많은 목사님들이 내게 했던 말 '정 집사는 목사가 되어야 할 사람' 이란 말을 실천에 옮기게 되었다.

나는 그때 여행사를 그만두게 된 것을 정말로 하나님께 감사한다. 사업이 계속 잘되어 더 큰 부자가 될 수도 있었겠지만 하나님께서 '넌 여기까지' 라고 선을 그어 주셨던 것이다. 덕분에 내가 목사가 되고 신학대학 총장이 되고 이제 국제기독학교 설립자가 되어 부족하지만 하나님의 일을 하는 기독 교육자로서의 사명을 다하게 된 것이라 믿는다.

세상 어디에도 돈 이야기가 빠지지 않는다. 누구나 로또에 일확천금을 꿈꾸고 여전히 경마장과 카지노에 사람들이 몰린다. 돈, 돈 하다가 돌아 버린 세상이라고 비판하지만 그래도 세상 사람들은 돈 이야기만 하고 있다. 황금만능주의가 어디에서나 자리를 잡고 있는 것에 누구도 이의를 달지 않는다. 하지만 나도 절절히 경험했듯이 결코 돈이 행복을 가져다주지 않는다. 만족을 주고 기쁨을 줄 것 같지만 실상은 그 돈 때문에 힘들고 고통스러운 시간을 더 많이 보내야 한다.

나는 돈으로 인해서 큰 사고들이 나고 생명이 죽어가는 것을 보면서 "소유가 행복이 아니다"라는 생각을 더욱 하게 되었다. 우리는 지금 평범하게 사는 사람이라도 옛날의 임금님보다 더 잘산다. 더 맛있는 것을 먹고 더 좋은 집에서 다양한 문화생활을 즐기며 살고 있다. 물질의 만족은 끝이 없다. 채워도 채워도 마음이 허탈하기만 하다.

마틴 셀리그만은 "당신의 행복에 영향을 미치는 것은 돈 그 자체보다도 돈이 삶에서 차지하는 비중이다. 돈을 가장 중시하는 사람은 소득이 아무리 많아도 늘 부족함을 느낀다"고 했다. 그러니 잘 사는 나라들보다 못사는 나라들에서 행복지수가 더 높게 나오는 것이 당연하다. 행복감이 가진 것과 정비례해서 증가하는 것이 아니라는 사실에 눈을 뜨게 된다.

우리가 목이 말라 찾는 시원한 청량음료도 잠시뿐인 것처럼 세상이 주는 행복도 이와 같다. 진정한 행복은 결국 어디서 찾아야 하는가?

하나님을 경외하고 자녀로서의 구별된 삶을 산다면 우리에겐 매사에 감사하고 자족하는 마음을 선물로 받게 된다. 그 어떤 상황에서도 감사하고 기뻐하며 만족할 수 있는 것은 기독교인만이 가질 수 있는 특권이자 하나님의 선물이다.

우리 모두 빈손으로 하나님의 은혜와 복으로 태어난 사람들이다. 이 빈손이 하나님께 사용되어 크든 작든 결실을 거두면 그것만으로도 성공한 삶이다. 맡겨진 분깃을 감사하며 자족감으로 채워 나가면, 주님께서 더 크신 은혜와 복을 내려 주실 것을 믿는다.

결론적으로 갈릴리여행사가 어려움으로 결국 손을 들고 문을 닫게 된 것은 너무나 감사한 일이었다. 그때 승승장구하기만 했었다면 오늘의 내가 있을까? 이 글도 쓰고 있지 못할 것이다. 하나님께서 흥하게도 하셨고 망하게도 하셨다.

아멘! 할렐루야!

Chutzpah 9.

봉이 김선달? 사해진흙을 팔다

상품은 불티나게 팔려 나갔다. 나는 당시 내가 가지고 있던 여행
업 네트워크를 이용해 파리의 갤러리 라파예트 백화점에 아하바
상품코너를 갖추고 입점하는 기염을 토했다.

갈릴리여행사를 시작하고 2년 정도가 지난 1992년이었다. 한국의 세계여행
자유화가 본격화되면서 성지순례객들이 이스라엘로 밀려들었고 하루하루가 정
신없이 바빴다.

여행업을 하다 보니 자연적으로 세계 여러 나라를 자주 여행하게 되었다. 업
무차 각 나라를 가 보면 많은 사람들이 그 나라의 특산물을 찾는다. 여행 온 김
에 그곳의 특산물을 저렴하게 쇼핑하고 싶은 마음이 있기 때문이다. 그래서 어
느 나라나 그곳만의 특산물을 잔뜩 쌓아 놓고 홍보도 하며 판매한다.

그런데 요즘은 여행객들이 정보를 미리 입수해서 어디에 가면 무엇을 사야 하
는지 너무나 잘 안다. 당시 나는 한창 혈기가 왕성했고 사업에 관심이 많아 유럽
의 좋은 물건이나 사업 아이템들을 한국의 사업가들에게 소개해 주곤 했다.

이 무렵 이스라엘에서는 몇몇 기업들이 사해 개발사업에 뛰어들고 있었다. 나는 당시 여행사도 했지만 키부츠에서 일한 경험도 있어 여러 키부츠 책임자들과 친하게 지내는 편이었다.

사해의 동편 기슭에 '키부츠 엔게디'(Kibbutz Ein Gedi)가 있는데 이 키부츠에 살던 이스라엘 친구 단과 사해에 휴가차 온 여행자들이 함께 수영한 적이 있다. 우리는 함께 온 사람들이 진흙을 몸에 이겨 바르는 것을 보면서 이것을 상품화하자는 의견을 내놓게 되었다.

당시 사해 진흙은 클레오파트라가 화장에 사용했다고 해 큰 유명세를 타고 있었다. 사해의 숙성된 진흙은 그야말로 미용기능을 가진 피부 청결제로 충분한 상품가치가 있었다.

다만 이곳 진흙이 일부 크리스털화 되어 있는 소금 덩어리와 엉겨 있어 그대로 사용하기는 무리였다. 이것을 어떻게 제거하느냐가 큰 문제였다. 그래서 이곳의 순수한 진흙을 얼굴에 바르기에는 부적합했다. 사해의 풍부한 미네랄로 인해 이곳 진흙이 미용제로 아주 훌륭한 것은 인정하는데 이를 제품화해서 생산해 낼 수 있는 방법을 찾지 못했다.

단을 비롯해 우리는 머리를 모아 제품화의 방법을 찾기 시작했다. 그러다 인도 출신의 한 화학자를 중심으로 엔게디 키부츠 근처 미츠페 샬렘이란 지역에 제품공장을 일단 세우게 되었고 여기서 사해 진흙을 재료로 한 천연화장품 개발에 나섰다.

그리고 드디어 진흙에 숨어 있는 거친 소금 덩어리를 빼낼 해결책을 찾았다. 사실 이 소금도 진흙과 함께 천연 미네랄이 함유된 성분이기에 빼내지 않고 이를 함께 갈아버리기로 한 것이다. 양질의 사해 진흙을 퍼 와서 이를 대형 그라인더에 곱게 갈아 얼굴팩 및 화장품 원료로 사용했다. 아주 좋은 아이디어였다. 우리는 쾌재를 불렀고 나 역시 이 사업에 관심을 갖고 함께 참여하게 되었다.

그 결과 일차적으로 사해비누와 사해진흙으로 만든 얼굴팩을 상품으로 내놓을 수 있었다. 상품이름은 히브리어로 '사랑'이란 뜻을 가진 '아하바(AHABA)'로 정해 판매를 시작했다.

이때부터 한국에서 오는 순례객들을 대상으로 아하바 비누와 진흙팩을 팔기 시작했는데 인기가 아주 좋았다. 선물용으로도 적당했고 가격도 높지 않아 한국에 아하바 열풍을 일으키는 획기적인 기회를 만들어 나갈 수 있었다.

상품은 불티나게 팔려 나갔다. 나는 당시 내가 가지고 있던 여행업 네트워크를 이용해 파리의 갤러리 라파예트(Galeries Lafayette) 백화점에 아하바 상품 코너를 갖추고 입점하는 기염을 토했다. 그리고 홍콩과 일본시장까지 관장하게

파리 갤러리 라파예트 백화점에서 아하바
화장품 론칭을 마치고 직원들과 함께

되었다. 제품 개발 초기부터 관여한 데다 아하바 사장이 된 단이란 친구가 내가 독점권을 갖도록 밀어 주었기 때문이다. 아하바는 거침없이 북미시장, 유럽시장과 함께 계속해서 승승장구하며 제품이 팔려나갔다. 여기에다 관련 화장품까지 개발, 생산 품목이 점점 늘어났다.

나는 한국에도 '아하바코리아' 라는 법인회사를 설립했다. 그리고 아하바에서 생산된 제품으로 화장품 사업에도 뛰어들게 되었다. 순수한 자연화장품인 아하바는 한국인의 피부에도 잘 맞도록 계속해서 개선하고 품질관리를 요구해 제품력도 인정을 받았다.

나는 당시 서울 명동 신세계백화점 본점에 이스라엘 주간 이벤트를 열 것을 백화점 측에 주문했다. 신세계 본점의 일정한 공간을 예루살렘 성벽 모양으로 둘러싸이게 분위기를 만들고 이스라엘 박물관에서 예수님 시대의 항아리 등 유물을 가져다 백화점에서 특별전시를 했다. 그리고 아하바 제품뿐 아니라 '다이아몬드에서 요단 강물까지' 라는 캐치프레이즈를 내걸고 공예품들과 예술품들에서부터 감람나무로 만든 십자가까지 다양한 종류의 상품들을 가져와서 전시 및 판매를 하였다.

오프닝 행사에 이스라엘 대사를 비롯 언론사 사장과 유명인사들을 초청했고 롯데호텔에서 멋진 축하파티도 마련해 수백 명이 참석했다.

신세계백화점의 이스라엘 주간 아이디어는 대성공이었다. 아하바는 단연코 최고의 인기 상품이었다. 매우 크게 자리잡은 백화점 매장에서 하루에 세 번씩 상품을 다시 쌓아 놓아야 할 정도로 팔려나갔다. 그야말로 줄 서서 사가는 상품이 되어 최고의 인기를 끌었다. 백화점에서도 이렇게 물건이 잘 팔릴지 몰랐다며 놀라워했다. 그리고 곧장 4곳의 신세계백화점에 동시입점시켜 주었다. 우린 세계 유수의 화장품들과 어깨를 겨룰 정도까지 빠르게 성장했다.

나는 여행업을 하다 이젠 사업가로 갑자기 주목을 받았다. 내가 살고 있는 곳은 아직 이스라엘이므로 외국에 사는 성공한 기업인으로 급부상한 것이다.

당시 조선일보에서 '세계에서 활동하는 한국인'이란 제목으로 사해화장품과 나를 소개하기도 했다. 여러 언론에서도 인터뷰 요청이 이어졌다.

그러나 사업은 항상 우여곡절이 생기게 마련이다. 문제는 아하바가 한국에서 너무 인기가 있다는 사실이었다. 나는 내가 이 사업을 다 맡기가 다소 벅차 당시 이스라엘에 발전소 플랜트 수출을 하게 된 대기업 H상사가 아하바를 맡도록 중간 연결을 추진했다. H상사는 이스라엘과 우호적인 관계를 위해 적당한 물건을 수입해 주어야 하는 상황으로 서로의 이해관계가 잘 맞물린 것이다. 그런데 H상사가 갑자기 사업이 어려워지면서 계약이 파기됐고 이스라엘에서 나와 파트너였던 단도 사장에서 물러나자 상황이 변하기 시작했다.

이스라엘 최대 재벌인 아이젠버그 그룹이 사해개발권을 일부 받아 아하바 회사의 주도권을 쥐더니 나와 아하바 판매권 재계약을 하지 않겠다고 일방적으로 통보했다. 그동안의 신의를 생각했다면 있을 수 없는 일이었다. 시장을 개척하고 물건도 엄청나게 판 나에게 이럴 수는 없었다.

그런데 나중에 알고 보니 아하바 사업이 한국에서 너무 잘 되자 그동안 다른 일을 하던 아이젠버그 한국지사장이 아하바 한국 사업을 직접 하겠다고 탐을 내어 일어난 일이었다.

결국 그가 맡아 일했지만 한국 사정을 잘 모르는 탓에 아하바코리아는 실패로 끝날 수밖에 없었다. 나는 한국 정서를 알고 사업을 한 것이고 그는 모른다는 것이 문제였다. 이 일은 사람이 욕심이 과하면 어떻게 되는지를 여실히 보여준 사건이었다. 마치 자기가 맡으면 더 잘할 수 있을 것 같았던 아이젠버그의 한국 지사장은 결국은 아하바 한국진출을 실패로 만들고 완전히 어려워져 결국 본국으로 송환되고 말았다. 잘되고 있는 사업을 욕심내다 결국 본인이 더 어려움을 만난 것이다.

세계를 경영하고 있는 유대 사회에서 사업을 배우고, 유대 주류 사회에까지 진입하기에 성공한 나로서는 사실 이때 가장 어려운 시기를 맞았다. 판매가 잘되니 엄청난 양의 아하바 상품을 본사로부터 받아 창고에 가득 쌓아 놓았는데 재계약이 안 되었으니 이 물건을 정상적으로는 유통할 수 없게 되어버린 것이다.

그러나 나는 깨끗하게 승복하고 손을 털기로 했다. 이때 변호사를 사서 국제적으로 이의를 제기하거나 항의하지 않았다. 이익을 위해 이전투구하지 않는 모습을 보였는데 지금 생각하면 아주 잘한 일이었다. 이런 매너 있는 모습이 현지에 알려졌는지 후일 이스라엘의 다국적 기업에서 나를 한국 사장으로 선임했기 때문이다.

우리는 현재만을 바라보면 안 된다. 나중을 또 미래를 생각하고 행동해야 한다. 내가 억울해하며 현지 회사를 대상으로 제소했다면 나는 불필요한 곳에 시간을 낭비하고 다시 다국적기업 사장이 될 수 있는 기회도 놓쳤을 것이다. 사회생활에서는 만남도 중요하지만, 헤어질 때도 정말 잘해야 한다는 교훈을 이때 배우게 되었다.

어려서부터 어머니께 항상 들으며 자란 이야기가 있다.

"우물에서 물 먹고 살다가 떠나면서, 다시는 이 우물에서 물 안 먹는다고 침 뱉고 떠나는 사람들이 많다. 그러나 몇 걸음 가지 못해서 다시 돌아와 그 우물물을 퍼먹는 것이 바로 인생이다."

그 후 나와 연결이 끊겼던 엔게디 키부츠의 멤버들은 생수를 개발하여 판매하기 위해 다시 만나게 된다. 이스라엘의 수돗물은 석회가 많이 끼어 있는 물이기에 생수로 마시기에 부적합했다. 그래서 집집마다 생수를 사서 마시게 되었고,

관광객이나 시민들에게 판매할 수 있는 생수를 개발하는 것이 시급한 문제였다.

그동안 생수를 프랑스나 북유럽에서 계속 수입해 오고 있는 형편이어서 이 사업의 전망은 아주 밝았다. 나는 이때도 '엔게디'라는 생수를 개발하는 일을 옆에서 열심히 도왔고 이들과의 우정은 더욱 돈독해졌다.

인생은 짧다. 이 짧은 인생길에서 남을 돕고 격려하고 밀어주는 아름다운 삶을 살기도 시간이 부족하다. 손해나고 섭섭하다고 해서 미워하고 아파하고 남을 공격해서는 결국 내가 행복하지 못하다는 결론을 얻는다. 행복하고 아름다운 인생은 결국 내 마음속에서부터 시작된다. 그래서 성경도 "무릇 지킬만한 것보다 더욱 네 마음을 지키라 생명의 근원이 이에서 남이니라"(잠언 4:23)고 했다.

이제 아하바 화장품은 세계적인 기업으로 우뚝 서서 이스라엘 경제에 큰 도움을 주고 있다. 그 첫 단추를 끼우는 데 일조했다는 것에 만족하며 이 회사를 위해 기도하고 있다.

네타핌 코리아-
농사꾼 만 명만 이스라엘로 보내세요

하나님의 콜링은 그 어떤 것도 내려놓아야 하는 결단을 필요로 했다. 하나님 앞에 절충은 없었다. '예스' 아니면 '노'였고 나는 순종의 길을 택할 수밖에 없었다.

"모든 사람은 언젠가는 죽는다"는 명제는 진리다. 죽지 않는 사람은 없다. 그러나 인간은 자신이 죽는다는 사실을 기억하지 않으려 하며 마치 인생을 오래 살 것처럼 챙기고 쌓고 가지려고 한다. 참으로 어리석은 모습이다.

이처럼 '모든 사람은 죽는다'는 진리와 같은 맥락의 명제가 있다. 그것은 "모든 사업은 언젠가는 망한다"라는 사실이다.

단지 그 시기가 언제 찾아오느냐의 차이는 있을지라도 그 어떤 사업도 인간이 죽음을 맞는 것처럼 언젠가는 마지막이 닥쳐온다. 이것을 깨닫지 못하면 사업이 끝없이 팽창할 것이라고 믿게 되는 잘못을 범한다. 그래서 사업을 크게 확장한 것이 오히려 화가 되어 스스로 주저앉는 경우가 참 많다.

1990년대 초반 내가 하는 사업은 막 성장, 발전해 가는 한국의 사회구조와 맞물리면서 무섭게 팽창해 나갔다. 그런데 나의 이런 모습을 불안해하는 분들이 많이 계셨다. 은사이신 류태영 박사를 비롯한 몇 분은 벌써 경고음을 제시했지만 나는 너무나 거침이 없었다. 모든 일이 잘되고 있으니 걱정을 하지 않았다. 어떤 문제가 생기더라도 이겨낼 자신이 있었다.

그러나 그날은 도적과 같이 찾아왔다. 앞서 소개한 아하바코리아가 이스라엘 본사의 재계약 거부로 엄청난 상품 재고를 안은 채 폐업했던 것이다. 나는 이 후유증으로 거의 1년 동안 이스라엘에서 칩거하다시피 했다.

그런데 이 1년 동안 하나님은 인내하고 참은 내게 새로운 선물을 준비하고 계셨다. 또 다른 만남을 통해 새로운 길이 열리기 시작한 것이다.

어느 날 농협중앙회 직원들을 이스라엘에서 만났다. 이스라엘의 선진화된 농업기술을 전수받아 한국 영농의 과학화를 위해 시장조사를 나온 사람들이었다. 나는 애국의 차원에서 이스라엘 농업 관련 회사 및 간부들을 당시 원철희 농업중앙회장에게 소개시키며 도움의 길을 찾아주기 시작했다.

이스라엘은 세계 최고의 첨단 농업과 유통, 그리고 농정 정책 등을 갖고 있는데 견학을 통해 이를 자세히 접할 수 있었다. 와이즈만연구소와 테크니온대학, 벤처 연구 단지를 통해 만들어지는 첨단 과학의 농업연구와 개발, 종자개량과 산업화 등을 한국에 소개하려니 그동안 쌓아왔던 이스라엘의 인맥이 총동원되었다. 학계, 경제계, 외무부와 농림부, 국회 등 이스라엘 곳곳과 통하지 않는 곳이 없었다.

그 중에도 사막에서 작물을 재배할 수 있는 핵심 기술인 점적관수(Drip Irrigation)를 개발한 '네타핌'의 영업담당 이갈 마조르(Yigal Mazor)를 만나게 되었다. 네타핌은 1965년 세계 최초로 점적관수농법을 개발, 전 세계 농업에 획기적인 발전을 가져다준 세계적인 회사다. 지금은 전 세계 120개국에 이 기술을 보급하고 다양한 농업자재 및 농법을 알려주는 글로벌 회사이다. 네타핌하면 '농업기술의 대명사'로 불릴 정도로 큰 회사였다.

원철희 농협 회장의 이스라엘 첨단기술회사 방문 일정으로 처음 만나게 된 키부츠 마갈에서는 손님을 맞이할 준비를 잘해놓고 있었다. 이때 만난 아시아 지역 담당이 이갈이다. 그 후로 농협의 임직원들, 농수산부 공무원들, 농업연수단 등이 네타핌을 방문할 때마다 만나 깊이 있는 대화를 나누게 되었다. 첨단과학이나 농업을 알지 못하면 전문분야 통역이 안 되기 때문에 조금씩 알게 된 내가 직접 현장에 나가면서 맺어진 인연이었다.

이처럼 몇 년 동안 이갈과의 만남이 계속되었고, 가족 간에도 서로 만나서 친교하며 친하게 지냈다. 나중에는 이갈과 회사 비즈니스에 대해서도 서로 상의하게 되었다.

그런데 어느 날 그가 불쑥 한국에서 일할 자신의 회사 사장을 구해 달라는 부탁을 해왔다. 나중에 알고 보니까 나를 겨냥한 스카우트 제의였지만, 직접 말하지 않고 한국에서 일할 사람을 찾는다는 식으로 자꾸 접근해 왔던 것이다.

그는 한국 사장을 구하면서 세계적인 헤드헌터들에게 의뢰하여 직업적성을 철저히 분석하고 거기에 맞는 사람을 찾는 작업을 한 후에, 내가 가면 어떻겠느냐고 제안을 해왔다.

사실 당시 아하바코리아의 폐업으로 심경이 복잡했지만, 결국은 수락했다. 그 후에 물론 나도 직업정석 테스트를 받았다. 대신 1년 중에 6개월을 한국에서 근무하고 6개월은 이스라엘에서 근무하는 조건을 걸었다. 가족들이 이스라엘에 있기 때문에 오래 떨어져 있기 힘들었다.

다시 홀로 한국으로 떠났다. 이 비즈니스를 하려면 적어도 3개 국어를 할 수 있어야 했다. 이스라엘에서 회의하고 전략을 수립할 때에는 히브리어로 해야 했고, 국제적으로 회의하고 사업을 만들어 가는 작업은 영어로 해야 했다. 그리고 한국어로 한국 내의 사업을 이어가야 하지만 모든 회계는 영어로 작성해 국제 표준에 맞추어 감사를 받아야 했다.

국제적 표준에 맞는 건실한 회사를 만들어 가고 동시에 한국 마케팅에 성공하는 기업을 일구어 나가야만 했으니 내 어깨가 보통 무거운 것이 아니었다.

그러나 네타핌의 한국진출 결과는 매우 성공적이었다. 사실 그동안 쌓아왔던 모든 인연들이 다 활용되었다. 농민들을 모아 놓고 새마을 강연하듯이 새로운 농법을 소개하는 세미나를 개최할 때에도 농협 직원들이 도왔고, 중앙회 차원에서도 지원하고 후원해 나가는 분위기가 만들어졌다. 이는 내가 이스라엘에서 농협을 적극 도운 결과이자 농민들에게 큰 도움이 되는 프로그램이었기 때문이다.

네타핌 사장 시절, 이갈 마죠르 아시아 담당 이사와 아내와 함께 네타핌 시험농장에서 시험 중인 첨단 온실을 방문했다.

지금도 보람을 느끼는 것은 이 이스라엘 농법을 한국에 소개함으로써 획기적인 농산물 증산의 계기를 열었다는 것이다. 나는 농민들에게 특유의 설득력으로 과학영농을 주장했다. 지금은 모든 농민들이 사용하는 '점적관수'라는 단어가 생소할 때 이를 처음 들여왔다. 지금도 네이버 포털에 내 이름을 치면 내가 스프링클러에 대한 실용신안 특허를 받았음이 기록으로 나온다.

나는 첨단 농업을 일구어 나간 이스라엘이 가지고 있는 불굴의 개척정신을 한국의 농민들이 배워야 한다고 생각했고 이를 통해 농민들을 정신적으로 깨워 나가는 데도 도움이 되었으면 했다.

대표적 농가들을 후원해 이스라엘의 키부츠와 모샤브를 방문하도록 주선했다. 그리고 온실에서 10m 이상 자라고 있는 토마토 줄기에 달린 풍성한 열매들, 그 열매를 따서 땅바닥에 메어쳐도 깨지지 않는 품종개량의 현장, 때깔 나게 자라고 있는 파프리카 단지, 다양하게 색깔 좋은 장미 단지 등을 방문할 때마다 농민들은 놀라면서 탄성을 연발했다.

이스라엘은 사막지대가 대부분인데도 이 불모지를 농작물 생산을 더 많이 하는 옥토로 만들어냈다. 나는 원철희 회장과 한국의 대학을 졸업한 영농후계자(우리는 "학사농"이라고 불렀다) 1만 명이 이스라엘에 와서 공부하도록 주선하는 데 앞장서기도 했다. 이 계획은 다 이뤄지지 않았지만 농협과 영농지도사 그룹 300명을 모샤브에 보내 견학하고 연수케 하는 중간 역할을 하기도 했다.

나는 키부츠에서 조합활동을 통해 생산된 농산물들을 전량 수거해 화물용 비행기에 실어 수출하는 화훼 농업의 현장을 보면서 우리도 얼마든지 저렇게 할 수 있다는 결의를 다지기도 했다. 그 어떤 농작물보다 꽃이 부가가치가 높다는 것도 알게 되었다.

나는 이 화훼산업의 놀라운 성공을 보고 한국에서 현대 정주영 회장을 만났을 때 아산 간척지 땅을 주시면 대규모 화훼단지를 만들어 성공시키겠다는 호기롭고 배짱 좋은 제의를 직접 한 적도 있다.

내가 몸담은 네타핌은 점적관수 외에 경량온실을 비롯 찢어지지 않는 농업용 필름 등 여러 제품 및 기술들을 가져와 보급했고 회사발전은 계속 이어졌다. 그러나 하나님은 내가 이렇게 글로벌 기업의 한국 사장으로 계속 살아가는 것을 원치 않으셨다.

이때가 내가 신학 공부를 하게 되는 결정적 계기를 맞고 하나님의 일을 하겠다는 결심이 선 시기이기도 했기 때문이다.

네타핌코리아 사장은 나 홀로 대표일 때와 글로벌 회사의 한 나라의 책임자라는 위치에 있을 때 큰 차이를 보였다. 그러나 위치 및 경영 방식 등 여러 차이를 잘 터득하고 있던 나로서는 조정역할을 원만하고 나름대로 훌륭하게 해내는 데에 조금도 무리가 없었다.

그런데 하나님의 콜링은 그 어떤 것도 내려놓아야 하는 결단을 필요로 했다. 기사가 딸린 최고급 승용차에 고급호텔만 드나들며 글로벌기업체 한국 사장 명함에 들어간 '어깨의 힘'을 반드시 뺄 것을 하나님은 요구하셨다. 하나님 앞에 절충은 없었다. '예스' 아니면 '노'였고 나는 순종의 길을 택할 수밖에 없었다.

C h u t z p a h

2부

최선을 무기로
인내를 방패로

돌이켜보니 하나님께서 내게 이스라엘로 가서 14년을 살게 하시고 이어 다국적기업의 CEO가 되게 만드셔서 국제적인 감각과 경영능력을 배우게 하셨다. 한국으로 돌아와 목사가 되게 만드셨고 대학 총장으로 부총장으로 5년이 넘게 일하게 인도하셨다. 교수로서 강의한 것까지 포함하면 이보다 훨씬 많은 시간, 교육에 몸담은 게 된다.

거듭나셨습니까?

"형제님은 거듭나셨습니까?"
나는 이 말 한마디에 말문이 막히며 나의 신앙을 돌아보았다. 처음에는 내가 오랜 신앙인인데 거듭났느냐는 말에 대답을 못 하는 게 왠지 억울하다는 생각이 들었는데 이 전도사 질문의 여운은 나를 계속 괴롭혔다.

사실 내가 이스라엘 다국적 회사인 네타핌 사장으로 있으며 신학교에 갈 결심을 한 것은 하루아침에 결정한 것이 아니다. 이미 오래전부터 나를 향한 하나님의 부르심이 계속 있었고 이제 그 시기가 찬 것을 느낀 게 바로 그때였던 것이다. 목사가 되라고 요청받은 것은 예루살렘 히브리대학에서 법학을 공부하며 성지 가이드로 열심히 활동할 때부터 시작된다.

내 신앙을 돌이켜보자면 어머니로 인해 어려서부터 교회와 친숙해져 있었다. 그리고 나름대로 열심히 예수를 믿는다고 생각하고 있었다. 중·고등학교에 다닐 때도 꾸준히 신앙생활을 했고 대학을 다니는 동안에도 대학기숙사에서 새벽예배를 드릴 정도로 열심이었다. 평소 주변에 전도도 열심히 했기에 나는 스스로 괜찮은 기독교인으로 생각하고 있었다.

그런 내가 주일이면 교회에 가야 하는 습관적인 신자에 불과하였다는 사실을 깨달은 것은 이스라엘에서 유명한 어느 여전도사님을 만나면서부터였다. 그분은 대뜸 내게 이렇게 질문하셨다.

"형제님은 거듭나셨습니까?"

나는 이 말 한마디에 말문이 막히며 나의 신앙을 돌아보았다. 처음에는 내가 오랜 신앙인인데 거듭났느냐는 말에 대답을 못 하는 게 왠지 억울하다는 생각이 들었는데 이 전도사님의 질문은 여운을 남기며 나를 계속 괴롭혔다.

또 성지에서 만난 한 목사님께서는 서울로 나를 초청해 성경공부를 함께 하기를 원하셨다. 요청을 무시하지 못하고 잠시 들어와 함께 공부하고 나가기도 했다.

어떤 교회에서는 단체로 이스라엘에 왔다가 나를 만나 거듭나는 문제를 계속해서 질문해 내 신앙을 차분히 점검하는 시간을 갖기도 했다. 그야말로 단체로 나를 몰아세우며 신앙의 새로운 전환을 요청하는데 내가 정신이 없었다.

이런 여러 만남과 시간들이 지나 많은 연단의 과정을 겪고 난 뒤 결국 내가 죄인인 것을 고백하고, 하나님의 자녀로 거듭났음을 고백했을 때 비로소 신앙의 새로운 문이 열리고 있었다.

이처럼 성지에서 만난 목사님들의 좋은 사역자가 되라는 권유가 그야말로 빗발쳤다. 나는 당시 여행사도 했지만 현지상황에 가장 정통하고 히브리어도 되는 데다가 이스라엘 정부가 인정하는 정식 가이드 자격증까지 갖고 있어 한국의 유명 목사님이나 VIP가 오면 내가 안내하는 것이 대부분이었다.

사실 한국에서 좀처럼 만나기 어려운 목사님들과 거의 일주일 가까이 함께 지내다 보면 아주 친해지고 인간적인 유대까지 갖게 되었다.

미국 장로교회의 교단 총무로 계시는 목사님도 내게 미국에 와서 제대로 신학을 공부하고 목사가 되라고 권하셨다. 학비며 생활비를 걱정 없이 마련해 주겠다고 하셨다.

당시 소망교회를 담임하셨던 곽선희 목사님도 내게 카메라를 선물하시면서 신학을 해 보라고 권하셨다. 내가 결심하면 미국 본인의 모교에 장학금을 보내어 지원하겠다는 약속을 하셨다.

이와 똑같은 약속을 광림교회 김선도 목사님에게서도 들었다. 특히 김선도 목사님 내외분은 갈릴리호수 앞에 나를 꿇어앉게 하시고 머리에 손을 얹어 안수까지 해 주셨다.

이런 귀한 목사님들과의 만남을 통해 나는 신앙적으로 더 다듬어져 갔고, 언젠가는 신학을 해야겠다는 은연중의 각오 같은 것을 다지게 되었던 것 같다. 그러나 한편으론 내가 목사가 되기엔 모든 면이 부족하다고 여겼다. 목회자는 무엇인가 높은 가치관과 인격을 갖추어야 한다고 생각하는데 나는 자신이 없었다.

지금 돌이키면 전도양양해 보이는 열정적인 한 청년이 신학을 해서 목사가 된다면 참 좋겠다는 생각들을 해 주신 것 같고 또 내가 목사가 될 것을 이미 영적으로 아시고 하신 말씀일 수도 있었다.

이처럼 수많은 목사님들을 이스라엘에서 만나는 사이에 나의 사업은 번창했고, 어느 사이에 무역회사, 여행사, 쇼핑센터, 식당까지 거느린 작은 그룹이 형성되어 있었다.

직원들 숫자도 늘어나 있었고, 아이들은 계속 자라고 있었다. 이 모든 것을 내려놓고 내가 신학을 공부하겠다고 미국으로 가는 것은 매우 무책임한 일로 여겨졌다.

내 개인적인 문제로 "나를 사랑하느냐?"라는 주님의 질문에 선뜻 "그렇습니다"라고 말하고 떠날 수 있는 마음이 되어 있지 않았다. 미국행은 해마다 잠시 생각은 해도 실천으로 옮기기까지 내가 내려놓아야 할 것이 너무나 많았다.

2002년 11월 18일 서부중앙교회에서 목사임직예배

결국 이 만남의 결실은 내가 한국으로 귀국한 후에 모든 사업을 정리하고 연단과 역경을 거친 후에 이뤄졌다. 네타핌코리아 사장으로 있으며 이제 신학교에 입학해야 한다고 여긴 것이다.

이 첫 단추는 당시 대한성서공회 총무로 계셨던 민영진 박사님이 끼워주셨다. 1999년 1월 초, 신년하례식에서 민 박사님을 만나 자택으로 초청을 받아 차를 마시게 되었다. 이스라엘에서 유학하신 민 박사님은 나보다 조금 앞서 이스라엘에 들어오신 분으로 개인적으로 또 가족끼리도 특별히 친하게 지내며 도움을 받곤 했다.

차를 마시다 말을 꺼낸 것은 내가 먼저였다.

"민 박사님. 제가 네타핌에서 사장으로 좋은 대우를 받고 안정되게 살고 있지만 마음속에서 이제 다 내려놓고 신학교를 가야 한다는 생각이 자꾸 드네요. 가족과 아이들을 생각하면 회사에 남아야 하고 마음으로는 이제 더 이상 목사가 되는 것을 연기하면 안 될 것 같고 어떻게 해야 하지요."

그러자 민 박사님은 아주 좋은 아이디어를 주셨다. 신학교도 야간이 있으니 일단 입학해 회사 일과 공부를 병행하라고 권유한 것이다. 공부하다 부르심이 확실하면 그때 회사를 그만두어도 늦지 않다고 하셨다. 그래서 이리저리 수소문한 것이 바로 야간에 신학교 과정이 있던 예장 대신교단의 대한신학대학원대학교였다. 학위과정도 있어 내겐 안성맞춤이었다.

1999년 봄 새 학기에 신학교에 원서를 내고 일단 입학했다. 그런데 학교에 가려면 회사에서 5시에 나와야 수업에 늦지 않을 수 있었다. 처음엔 사장인 내가 시간조절을 할 수 있으니 말없이 양쪽을 병행할 수 있었지만 신학을 한다고 하면서 그러면 안 될 것 같았다.

이스라엘 네타핌 본사에 이야기하고 양해를 구해보려고 했다. 그런데 회사 입장은 내 생각과 좀 달랐다.

"정 사장, 지금 한국 시장이 매우 커지면서 업무가 바빠지고 규모가 늘어나고 있어요. 그런데 지금 학교를 다니시면 업무에 방해가 많이 될 텐데 신학교 입학을 1년만 늦춰주시면 안 될까요?"

그러나 나는 이미 공부를 시작한 데다 양보할 마음이 없었다. 그리고 막상 공부를 해보니 그냥 대충 해서는 안 될 것 같았다. 다른 공부도 아니고 하나님의 종이 되기 위한 과정인데 기도하며 최선을 다해 집중해야 한다고 느껴졌다. 나는 동경에서 열린 네타핌 아시아지역 사장단 회의에서 과감하게 사표를 썼다.

그러자 회사는 화들짝 놀라며 수리를 하지 않았다. 나는 내가 오래전부터 생각해 온 것을 이제 실천에 옮기는 것이라며 회사 간부진에게 상황을 잘 설명했다.

그래도 사표가 수리되지 않아 일단 돌아왔다가 중국과 홍콩을 경유해 돌아가는 회장단을 홍콩공항에서 만났고, 다시 한 번 사표의사를 정확히 전달했다. 결국 회사는 내 의사가 매우 확고함을 보고 사표를 수리하는 대신 몇 가지 회사아이템을 보너스로 주었다.

"그동안 수고하셨습니다. 한국시장을 새로 개척하고 이만큼 키운 것은 정 사장의 공입니다. 우리 회사가 보유한 농업용 비닐 판매권과 복합비료수입권, 수산양식장 설치 등의 권한을 드릴 테니 회사를 그만두더라도 이 사업을 하시면서 계속 도움이 되었으면 참 좋겠습니다."

회사의 배려가 고마웠다. 이 덕분에 나는 사장이란 공식 직함은 안 가져도 네타핌 고문이란 명함은 받았다. 동시에 신젠타(스위스에 본부를 둔 다국적기업)의 고문도 맡고 관련 사업을 하며 경제적인 어려움을 느끼지 않고 신학 공부에 매진할 수 있었다.

드디어 2002년 신학 공부를 마친 나는 목사 안수를 받았다. 부족한 내가 드디어 하나님의 부르심에 응답해 48세의 뒤늦은 나이에 목사가 된 것이다.

안수식이 거행되는 동안 감격으로 두 눈에 눈물이 흘러내렸다. 돌고 돌아 목사가 된 만큼 이제 하나님을 위해 나의 모든 것을 헌신하리라 다짐했다.

목사 안수를 받음과 동시에 그동안 내가 보유하고 있던 네타핌 사업권을 그동안 함께 일했던 직원들에게 모두 나눠주었다. 내가 목사가 된 이상 이제는 세상의 직업을 버려야 한다고 생각했다. 이 행동이 내겐 이제 믿음의 세계로 진입하는 시작이자 세상과의 단절을 의미하는 것이기도 했다.

그러나 사실 이것은 나와 내 가족에 있어 세상적으로는 '행복 끝 고생 시작'을 알리는 신호였다.

나는 이제 내게 다가올 고난의 파도들을 전혀 예상치 못한 채 이스라엘 성지에서 나를 위해 기도해 준 수많은 목사님들의 기도가 이제야 결실을 본 것이라 여기며 감격에 젖어 있었다.

국제기독교성지연구소의 탄생

목사안수를 받고 그동안 운영하던 회사를 정리해 모든 지분을 직원들에게 나눠주고 사업과는 이별을 고했던 나였다. 이제 나는 인생 1장을 마치고 새로운 인생 2장의 세계로 진입하게 된 것이다.

내가 목사안수를 받기 직전 우리 가족은 나를 남기고 아내와 세 딸 모두 영국으로 떠났다. 당시 이스라엘에서 공부하다 한국에 온 아이들이 한국학교에 잘 적응하지 못해 아내와 나는 많은 고민을 하고 있었다.

이 무렵 나는 한국에서 대한신학대학원대학교를 졸업하고 영국 웨일스 신학대학원에서 박사과정을 공부하려고 입학한 상태였다. 이 과정은 영국에 계속 머물지 않고도 현지 집중강좌와 통신으로 학위 논문을 쓸 수 있는 장점이 있었다.

따라서 나는 영국 학생 유학비자를 받을 수 있었고 아이들에게는 자연히 영국에서 교육을 받을 수 있는 자격이 주어졌다. 어떻게 보면 우리 집은 내 공부로 세 자녀들이 혜택을 입는 경우가 되어 아내가 아이들을 데리고 영국으로 간 것이다. 하지만 아이들은 사립학교에 입학하였고 아내도 영국에서 공부를 시작하여 이

비자의 문제는 각자가 해결한 셈이 되었고 나는 기러기 아빠가 되고 말았다.

목사안수를 받고 그동안 운영하던 회사를 정리해 모든 지분을 직원들에게 나눠주고 사업과는 이별을 고했던 나였다. 이제 나는 인생 1장을 마치고 새로운 인생 2장의 세계로 진입하게 된 것이다.

사실 그동안 사업하며 모았던 재산들은 적지 않았지만 워낙 씀씀이도 커져 있어 이제 수입이 없는 대신 절약을 해야 했다. 더구나 영국 가기 전에 이미 큰딸은 프랑스에서 유학 중이어서 사립학교 학비가 만만치 않았다.

그런데 회사를 정리한 상태에서 전혀 예상치 못했던 복병이 나를 기다리고 있었다. 하나님께서 나에게 이제부터는 '무(無)'에서 출발하라는 신호를 주시는 것 같기도 했다.

한창 사업을 할 때 회사 차원에서 보증을 서고 장부 정리를 정확히 해놓지 않아 대표였던 내게 돈과 관련된 청구서들이 회사정리를 한 이후에도 꽤 날아온 것이다. 사실 나와 상관없는 것도 많았다. 그러나 내가 대표였다는 사실 때문에 뒤늦게 책임을 져야 하는 것이 대부분이었다.

이제 와서 업무를 실수한 경리직원을 나무랄 수도 없었다. 나는 모든 것을 정리하기로 했다. 타던 외제승용차도 팔고 아내와 아이들은 유학차 떠났지만 혼자 살던 60평대 아파트도 팔았다. 그렇게 청구서들을 모두 다 정리하고 나니 홀가분했다.

하나님은 내게 '내려놓음'을 실천하라고 가르치시는 것 같았다.

그러나 나는 한편으론 좀 서운했다. 분명히 기도할 때 하나님께 내가 주의 종이 되지만 재정적으로 어렵거나 힘들게 살지 않게 해달라고 늘 간구했었기 때문이다. 나는 목사로서 사례비를 받지 않고 목회길 원했고 평생 이를 지켜나가길 원했다. 물질적으로 어려움 당하고 고생하는 목회자가 최소한 되지 않겠다고

2002년 11월. 국제기독교성지연구소 설립예배를 마치고, 왼쪽부터 정효제, 장현종, 장태봉 목사, 박동순 대사, 김용준 전 헌법재판소장, 민영진 성서공회 총무, 김춘국 목사, 이종희 대한항공 사장, 최복수 목사.

다짐했던 나였다. 그런데 그 첫 시작과 함께 내 재정을 흩으시는 것을 지켜보아야 했다.

이스라엘에서 부유층이 사는 단독주택 4층집에 살면서 늘 손님 20~30명씩 초청해 파티도 열고 세상적으로 참 멋지게 살았던 나였다. 한국에서도 남부럽지 않게 지냈던 나였다.

그런데 목사안수를 받자마자 집도 차도 팔고 내게 있던 많은 짐들을 진천에 있는 이 목사님 창고에 맡겨야 했다. 그리고 나는 장인어른 댁에 신세를 지게 되어 버렸다. 아내와 딸들은 외국에서 계속 돈을 보내 달라고 SOS를 치고 있었다.

나는 나를 애써 다독였다. 이 정도 희생을 각오하지 않고 하나님의 종이 되겠다고 선택한 것이냐며 스스로를 위로했다.

이 무렵 내가 사회 경력 말고 교회적으로 가지고 있는 직함이 하나 더 있었다. 바로 신학교를 다니며 국제기독교성지연구소 소장직을 맡고 있었던 것이다.

이 국제기독교성지연구소의 탄생은 사연이 있다. 한국에 귀국하고 난 뒤에 극동방송국에서 김장환 목사님의 배려로 '정효제의 성지 이야기'를 진행하게 되었다.

공개방송으로 시작된 이 프로그램은 엄청나게 인기가 있어 방청석이 차고 넘쳤다. 당시 이 방송을 공개방송 스튜디오에서 했는데 밖에까지 의자를 놓아야 할 정도였다. 극동방송에서도 이렇게까지 방청객이 많이 오는 경우가 없었다고 했다. 막 성지순례붐이 일기 시작해 성도들의 관심도 컸지만 내가 이스라엘 항공권을 대한항공에서 협찬 받아 방청객을 대상으로 추첨해서 선물을 준 것도 큰 몫을 했다.

나는 이 방송을 진행하는 과정에서 성지를 체계적으로 연구하고 학문적 토대를 만들 수 있는 전문기관의 필요성을 절감했고 극동방송에서 여러 일을 하셨던 김용호 목사님(나침반출판사 대표)의 조언을 받아 국제기독교성지연구소를 태동시켰다.

그래서 연구소 이사장과 이사진을 이스라엘과 연결된, 내가 잘 아는 분들로 모셨다. 박동순 전 이스라엘 대사님이 초대 이사장을 맡으시고 이사진으로는 김용준(전 헌법재판소장), 이종희(전 대한항공 총괄사장), 민영진(전 대한성서공회 총무), 김의환(전 총신대, 칼빈대 총장), 김춘국(예장 대신 증경총회장), 장태봉(서부중앙교회 원로목사), 손달익(예장 통합 총회장), 김상길(전 국민일보 종교국장) 등이었다.

성지연구를 위해 모인 모임이기도 하지만 결국 이스라엘을 사랑하는 사람들의 모임이었다. 이 연구소가 주최해 해마다 성지세미나를 개최하고 성지순례 프로그램을 새로이 만들어 가는 일을 적극적으로 하기 시작했다.

　나는 목사님이나 신학교 교수님들이 경제적으로 열악해 성경을 강의하면서도 그 배경이 되는 이스라엘에 가보지 않은 분들이 많이 있는 것에 놀라지 않을 수 없었다.

　그래서 연구소 이름으로 대한항공에 협조를 요청하고 교수 성지연수를 계획해 많은 분들을 성지에 거의 무료로 보내는 데 앞장섰다. 이 성지순례를 통해 많은 목사님과 신학교 교수님들이 성지 현장을 둘러보며 기뻐하시던 모습을 잊을 수 없다.

　우리 연구소가 한 일 중에 가장 보람있는 일을 꼽으라면 시각장애인 목사님들을 성지순례에 협찬해 보내드린 일이다. 이 사연은 그때 국민일보엔 난 기사를 소개하는 것이 좋을 것 같아 전문을 인용해 본다.

　맹인 목회자와 사모 등 28명이 특별한 성지순례를 떠난다.

　100여 명의 회원을 가진 한국시각장애인기독교협의회 소속 황상기(해외선교부장) 목사는 같은 시각장애를 가진 동료 목회자 및 사모들과 성지순례팀을 구성, 9일 인천공항을 출발해 11박 12일 동안 터키·그리스·이탈리아의 성지를 순례하고 돌아오게 되는 것이 마치 꿈만 같다.

　"해외선교 비전을 가지면서 몇 년 전부터 성지순례의 꿈을 갖고 기도했습니다. 회원들끼리 팀을 구성해 성지순례를 다녀오겠다는 생각을 한 것은 강단에서 저희가 숱하게 예로 들었던 성경의 현장을 눈으로 보지는 못해도 만져보고 그곳의 공기라도 맡아보고 싶었기 때문입니다."

　그러나 시각장애 때문에 팀 구성과 일정 짜기, 비용 마련이 결코 쉽지 않았다. 맹인 목회자들의 사모는 거의 정상인이 많기 때문에 도우미는 문제가 되지 않았지만 미리 준비하고 체크해야 할 것이 많았다. 특히 일반인보다 호텔이나 일정을 특별히 짜야 해 비용이 많이 들었다.

　그래서 황 목사는 국제기독교성지연구소(소장 정효제 목사)에 도움을 요청했고 연구소는 대한항공(사장 이종희)의 전폭적인 지원을 받아내 큰 어려움 없이 성지순례를 할 수 있도록 상세한 일정까지 짜줌으로써 이들의 성지순례가 성사됐다. 현지 여행사들도 협조를 아끼지 않았다.

정효제 소장은 "처음 맹인 목사님들로부터 도움을 요청받았을 때 보지 못하는 목사님들에게 무엇을 보여드릴 수 있을지 고민했다"며 "그러나 하나님께서 만물을 창조하실 때 보이는 것과 보이지 않는 모든 것을 창조하셨음을 깨닫고(골 1:16) 적극 돕게 됐으며 이 일 자체만으로 은혜를 받았다"고 말했다.

황 목사는 "많은 회원들이 가고 싶어 하지만 함께 가지 못해 안타깝고 공동 경비 500여만 원도 마련이 안됐지만 성지순례를 이뤄주신 하나님께 모두 감사하고 있다"며 "무엇보다 목회 내조에 고생해온 사모들이 기뻐하는 것 같아 보람이 있으며 많은 것을 느끼고 돌아와 주일 강단을 더 풍성하게 이끌 것"이라고 말했다.

—국민일보 2006년 5월 5일자—

목사가 되었음에도 특별한 수입이 없이 지내다 보니 재정이 서서히 바닥나기 시작했다. 가족들이 물가가 비싼 영국에서 지내는 생활비도 만만치 않았다.

사실 그동안 느껴보지 않았던 부분을 느끼려니 힘들었다. 그래도 하나님은 어디서나 내가 품위를 잃지 않게 해주셨다.

이 가운데 지구촌교회(이동원 목사), 동산교회(최복수 목사) 등에서 협동목사 직함을 받고 설교도 가끔 하긴 했지만 목회 일선에서 활동하기엔 내가 나이가 너무 많다는 것을 느낄 수 있었다. 이렇게 목사가 되어 잠시 주춤거리는 가운데 칼빈대학교 김의환 총장님을 만나 학교로 들어가게 된 것은 하나님께서 내게 새로운 사역을 맡기기 위한 시작이었다.

1999년에 설립된 국제기독교성지연구소는 이후 이스라엘뿐만 아니라 요르단, 시리아, 그리스 등도 탐방하는 프로그램과 독일과 스위스 등 유럽 종교개혁지를 탐방하는 프로그램을 처음으로 개발하는 등 한국교회 성지순례의 새로운 페이지를 여는 많은 일들을 하게 된다. 이때 연구소 이사이기도 하신 대한항공 이종희 사장님의 적극적인 후원이 연구소가 자리 잡는 데 큰 힘이 되었다.

대학 강단에서 성서지리학을 가르치다

> 나는 이스라엘에서 가이드로 또 여행사 사장을 하면서 이스라엘 방방곡곡 안 다닌 곳 없이 훑고 다녔다. 덕분에 이스라엘 지명에 강했고 현장의 느낌과 감동을 학생들에게 자세히 전해줄 수 있는 장점이 있었다.

고 김의환 총장님과의 만남에 대한 것은 칼럼에서 언급되겠지만 나는 목사가 되어 신학교 강단에 서게 될 줄은 상상조차 하지 못했다. 그런데 김의환 총장님께서 칼빈대에서 강의해 볼 것을 권유하심에 얼떨결에 '성서지리학'을 가르치게 되었다.

당시 이 과목이 내가 제일 잘 가르칠 수 있을 것 같아 말한 것이었는데 칼빈대 교과 과정엔 이 과목이 없어 내가 첫 강의를 한 셈이 되었다. 목회자나 신학자가 되려면 성경에 정통해야 하는 것은 너무나 당연하다.

미국의 목사이며 언어학자인 에드워드 로빈슨(Edward Robinson:1794~1863)은 성서의 문자적 정확성을 입증하기 위해 팔레스타인 지역에 위치한, 미확인된 성서 속 여러 지명들을 지리적으로 확인하는 작업을 시작했다.

네게브 광야를 헤맨 로빈슨 일행은 '비르 에 세바' 라 불리는 조그만 베두인 천막촌에 도착했다. 그는 이곳이 다름 아닌 아브라함을 비롯한 족장들의 도시인 성서 속 '브엘세바' 임을 밝혀냈다. 1969년 이후 발굴을 통해 솔로몬시대 요새로 건설된 텔 브엘세바의 모습이 처음으로 밝혀진 것이다.

또 그는 1838년 예루살렘의 성전 터의 축대 돌출부를 관찰하다 이곳이 성전 부속건물로 통하는 통로를 받치기 위한 아치의 일부라고 요세푸스의 기록에 근거해 이를 밝히기도 했다.

예루살렘을 비롯해 베들레헴, 헤브론, 세겜, 나사렛 등 주요 성지들은 사람들이 계속 살아왔기에 쉽게 그런 성지들을 찾아갈 수 있지만, 벧엘, 실로, 아이, 기브온, 므깃도, 단 등 구약시대 도시들과 가버나움, 벳세다, 거라사 등 신약시대 마을들은 이미 오래전에 폐허가 된 후 사람들의 기억에서 사라져 어느 누구도 정확한 장소를 알지 못하는 형편이었다.

로빈슨 목사는 "어느 지역이든지 고대의 지명은 비록 그 지방의 주민과 언어가 바뀌더라도 발음이 계속 유지되고 있다"는 전제 하에 현지의 아랍어 지명을 참고로 성서 속의 도시들을 찾아내기 시작했다. 1838년 5월 4~5일 로빈슨은 예루살렘 북쪽의 유적지들을 탐사하여 아나타를 예레미야의 고향인 아나돗으로, 제바를 게바로, 묵크마스를 믹마스로, 엘 지브를 기브온으로 그리고 베이틴을 야곱이 제단을 쌓았던 벧엘로 확인하는 성과를 얻었다.

이렇듯 확인되지 않는 팔레스타인의 성서 지명들에 대한 본격적인 연구가 비교언어학적인 방법론으로 접근한 로빈슨 목사에 의해 1838년에 처음으로 시도된 것이다. 이 성서 속의 지명과 현재의 지명을 맞추어 나가면서 성서고고학적으로 접근하는 것이 바로 성서지리학이다.

나는 이스라엘에서 가이드로 또 여행사 사장을 하면서 이스라엘 방방곡곡 안

다닌 곳 없이 훑고 다녔다. 덕분에 이스라엘 지명에 강했고 현장의 느낌과 감동을 학생들에게 자세히 전해줄 수 있는 장점이 있었다.

내가 가르친 성서지리학은 매 강의마다 수강신청 정원이 항상 넘쳤고 나중에는 강당에서 강의해야 할 정도로 인기가 높았다. 내가 살던 곳 이야기를 실감 나게 해준다는 마음으로 한 성서지리 강의가 큰 호응을 얻은 것이다. 이론보다는 현장에서 보고 익힌 생생한 강의가 학생들에게 크게 어필했기 때문이라고 여겨진다.

나는 성서지리 강의에 힘입어 이후 대한신학대학원대학교 강의까지 맡게 되면서 '이스라엘 역사', '성서고고학', '모세오경', '시가서', '히브리어' 등을 가르쳤다. 모세오경은 미국에서 발간된 좋은 책을 직접 번역해 출판하기도 했다. 이 모세오경 번역서는 지금도 꾸준히 판매되고 있다는 소식을 듣는다.

나는 학생들을 가르치면서 교수법이 매우 중요하다는 사실을 깨달았다. 같은 내용이라도 교수가 어떻게 전달하느냐에 큰 차이가 나기 때문이다. 정확한 발음과 쉽고 재미있게, 실감나게 감동적으로 전달할 수 있다면 최고의 강의가 된다. 아무리 딱딱한 내용도 표현력이나 말의 테크닉에 따라 듣는 이의 느낌이 확연히 달라진다.

돌이켜 보니 하나님께서는 내가 후일 신학교에서 강의할 것을 미리 아시고 그 강의 훈련을 이스라엘에서 충분히 시켜주셨다는 생각이 들었다.

나는 주변에서 목소리와 목청이 좋다는 이야기를 많이 듣는다. 이는 오랜 훈련의 결과이기도 하다. 많은 사람들에게 성지를 소개하려면 매우 큰 소리를 내야 했고 짧은 시간에 내용을 소개하려면 조리 있게 또 함축성 있게 내용을 전달해야 했는데 이런 훈련이 예전부터 많이 되었기 때문이다. 따라서 나는 학생들 앞에서 강의하는 것이 강의준비만 잘하면 너무나 쉬웠다. 학생들도 머리에 쏙쏙

들어온다고 했다. 넓은 평야와 입이 떡 벌어지는 성지 앞에서 순례객들을 집중시켰던 내가 조용한 교실 안의 학생 하나 집중시키지 못한다는 것은 말이 안 되기 때문이다.

지금도 신학대학에서 강의하고 있는 나는 강의실에서 학생들의 초롱초롱한 눈망울을 보고 있노라면 사명감과 보람이 동시에 솟아 오른다. 그리고 항상 이런 기도를 하면서 강의실을 나오게 된다.

"하나님, 감사합니다. 오늘도 귀한 하나님의 종이 될 일꾼들에게 하나님의 말씀을 전할 수 있었습니다. 이 학생들을 축복해 주시고 이들이 진정 한국교회와 사회를, 국가를 변화시키는 하나님의 신실한 종이 되게 하옵소서. 그리하여 하루빨리 대한민국이 복음국가가 되게 하옵소서."

이만팔천 동네에 우물을 파라

하나님 안에서 우리가 먼저 나누고 섬기고 도우면 후일에 더 큰 것으로 되갚아주시는 하나님이시다. 당장의 손익에 너무 바둥거리다 더 큰 것을 잃는 주변을 많이 보게 된다. 성경말씀은 언제나 정확하다.

신학자이자 교육자인 고 김치선 목사의 유지를 받드는 '이만팔천 우물재단' 발대식이 19일 경기도 안양 석수동 대한신학대학원대학교(총장 정효제)에서 열렸다.

고 김치선 목사는 대한민국 건국 당시 혼란과 무질서로부터 나라를 구하려고 당시 인구의 10%인 '삼백만 구령 운동'을 주도하면서 "이만팔천 동네에 우물을 파라"고 외쳤다. 즉 방방곡곡에 교회를 세워 민족 복음화에 앞장서자는 것.

우물재단은 열정적이고 사명감 넘치는 신학도들을 배출, 한국 교회 개혁과 발전을 위해 헌신하자는 취지로 설립됐다. 이날 발대식에서는 예장 대신 교단 소속 교회와 목회자, 성도, 대한신학교 교직원 및 재학생 등 200여 명이 참석했다.

정효제 총장은 "우물재단 발대식은 대한신학대학원대학교의 장기 발전을 모색하는 첫 행사"라며 "세계적인 명문 신학교로 발돋움하기 위해 전액 장학금 지급 및 기숙사 제공, 후원이사회

구성 등을 장기적으로 추진해나갈 것"이라고 밝혔다.

이날 발대식은 장태봉 목사의 사회로 한국장로교총연합회 대표회장 김요섭 목사가 설교했다. 강덕영 이사장과 이윤호 목사는 축사를 했다. 우물재단은 앞으로 학교 발전을 위한 교계와 교단의 다양한 참여를 유도하며 대신 교단의 전통과 역사를 계승하는 신학교로 적극 발전시켜나갈 계획이다.

이 기사는 국민일보 2009년 1월 20일 자 신문에 나온 내용이다.

이 무렵 대한신학대학원대학교 총장을 맡았지만 체계적인 학교운영을 위해서는 학생들이 내는 학비만으론 도저히 운영이 안 되었다. 이 때문에 참으로 고민을 하다 하나님께서 지혜를 주신 것이 바로 이 '이만팔천 우물재단'이다.

이 우물재단이 시작되는 첫 계기는 2007년 말로 거슬러 올라간다. 나는 그해 8월 말부터 대한신학대학원대학교 총장서리로 일하고 있었다.

11월경으로 기억되는데 학생들과 설악산으로 졸업여행을 갔다 오던 버스 안에서였다. 기도도 하고 함께 즐거운 시간을 보내고 오는 길이라 분위기도 좋았고 학생들이 이제 목회 일선에 나갈 꿈에 부풀어 있었다.

나는 마이크를 잡고 학생들을 격려하고 또 축하하다가 이런 말을 하게 되었다.

"여러분이 다닌 학교에 대한 긍지와 자부심을 가져 주십시오. 여러분의 선배이자 한국교회 지도자이신 고 김치선 박사님은 해방 후 3,000만 동포를 대상으로 '삼백만 구령 운동'을 주창하셨습니다. 그리고 '이만팔천 동네에 우물을 파라'고 강하게 외치셨습니다. 이 말씀은 당시 전국 마을이 28,000개였는데 방방곡곡에 교회를 세워 민족 복음화에 앞장서자는 취지였던 것입니다. 여러분도 이제 목회 일선에 나가 복음을 전할 터인데 이 김치선 박사의 복음 열정을 본받길

바랍니다. 또 여러분은 모교에 대한 애정과 사랑을 갖고 끊임없이 기도를 해주셔야 합니다. 학교가 발전해 좋은 학생들이 많이 입학하고 실력 있는 교수님들이 여러분의 후배들을 잘 가르쳐 주셔야 할 것입니다. 그러기 위해서는 우리가 십시일반 학교발전을 위한 기금운동에 동참했으면 합니다."

학교발전을 위한 이 모금제안은 1구좌 1만 원씩 해서 자발적인 모금으로 시작했는데 이날 차 안에서 190구좌가 바로 모였다. 졸업생들이 참으로 고마웠다. 나도 총장으로서 매달 100구좌를 맡겠다고 선언했다.

이것이 발단이 되어 학교발전을 위한 모금 운동이 점차 자리를 잡아가다가 '이만팔천 우물재단' 이란 이름으로 정식 발족하게 된 것이다. 초대 이사장에 우원근 목사님이 맡아 수고를 많이 해 주셨다.

이 이만팔천 우물재단 기금은 학교 발전에 큰 도움이 됐다. 학교의 필요한 기물을 구입하고 학생들의 책상과 의자를 모두 바꿀 수 있었다. 여기에다 신학교에 와서 공부하는 모든 학생과 직원, 교수들에게 점심 저녁을 무료로 제공했다.

당시 신학교에서 식사를 무료로 제공하는 일은 처음이어서 교계에서 큰 화제

2009년 1월 19일. 이만팔천우물재단 발대식을 마치고, 대한신학대학원대학교 현관에서

가 됐고 이 소식을 들은 교계 어른들과 개인 성도들이 쌀과 부식을 보내주어 더 풍성한 식탁을 만들어 낼 수 있었다.

하지만 학교 내에는 식당을 만들 공간이 없었다. 그래서 신학교 건물 옥상에 파라솔을 설치하고 배식대를 만들어 식사를 조리해 제공했다. 야외에서 식사하는 것 같아 운치도 있었고 가정식으로 요리를 잘해 학생들에게 인기가 많았다.

이때 극동방송 이사장이신 김장환 목사님이 이 소식을 듣고 정기적으로 수원중앙침례교회 후임인 고명진 목사님을 통해 쌀을 보내주셨는데 이 쌀이 얼마나 차지고 맛있었는지 모른다.

지금은 고인이 된 오성순 권사님도 매달 20kg 쌀 40포를 보내주었고 채소와 고기를 이곳저곳에서 보내오는데 말 그대로 사르밧 과부의 기적이 신학교에서도 일어나고 있었다.

사르밧 과부의 성경 이야기는 잘 알 것이다. 오랜 가뭄으로 그린 시냇물마저 말라버리게 되자 하나님께서는 엘리야를 사르밧에 사는 과부에게 보낸다. 사르밧 과부는 마지막 남은 밀가루와 기름으로 빵을 만들어 자기 외아들과 나누어 먹고 죽으려고 땔감을 줍다가 엘리야를 만난다. 그녀는 자신이 준비하던 빵을 요구하는 엘리야에게 그것을 아낌없이 건네준다. 이후 사르밧 과부에게 밀가루와 기름이 떨어지지 않는 기적이 일어난다는 내용이다.

이 기적은 먼저 섬길 때 받는 기적이었다. 우리가 신학생을 조건 없이 섬기자 오히려 더 많은 곳에서 도움의 손길이 다가와 공간을 풍성히 채워주었던 것이다.

내가 총장으로 부임할 때, 분쟁으로 말미암아 학생이 몇 십명에 불과했는데, 한창 학교의 학생 수가 많을 때에는 700여 명까지 이르렀다. 이때 이들의 점심 식사를 준비하느라고 아내를 비롯해 교수 부인과 직원들이 수고를 참 많이 했다. 인건비까지 줄 수 없으니 직원 부인들이 발 벗고 나섰던 것이다. 참으로 보람 있었던 섬김으로 기억된다.

언제나 경험하지만 하나님 안에서 우리가 먼저 나누고 섬기고 도우면 후일에 더 큰 것으로 되갚아주시는 하나님이시다. 당장의 손익에 너무 바동거리다 더 큰 것을 잃는 주변을 많이 보게 된다. 성경말씀은 언제나 정확하다.

누가복음 6장 38절 말씀 "주라 그리하면 너희에게 줄 것이니 곧 후히 되어 누르고 흔들어 넘치도록 하여 너희에게 안겨 주리라 너희의 헤아리는 그 헤아림을 도로 받을 것이니라"는 말씀이 정말 진리이다.

그때 한솥밥을 먹으며 함께 공부하던 신학생들의 얼굴이 하나둘 떠오른다. 진정 하나님의 일꾼으로 한국교회와 사회를 위해 귀하게 쓰임 받고 있으리라 믿고 축원하는 마음이다.

아울러 고 김치선 박사님이 주창하신 구령운동, 즉 민족복음화가 하루빨리 이루어지길 간절히 기도한다.

"주님. 이 메마른 땅에 그리스도의 복음이 만연하게 하소서."

Chutzpah 15.

청빈하게 살다가 가난하게 죽자

한창 설교를 하고 있을 때 내 마음도 뜨거워지고 강한 하나님의
성령이 임하는 것을 느낄 수 있었다. 이와 동시에 교회 뒤편 한쪽
구석에 마련해 놓은 유아실 쪽에서 붉은 불길이 솟아오르는 것이
보였다.

2006년 강원도 홍천 서석면의 한 한적한 마을, 풍암교회에서 힘찬 찬양 소리
가 울려 퍼지고 있었다.

당시 칼빈대학에서 학생을 가르치면서 박사과정을 공부하던 나는 국제기독교
성지연구소장을 겸임하면서 또 책도 쓰면서 아주 바쁘게 지냈다.

그런데 이 무렵 교회가 설립됐으나 여러 우여곡절로 비어있던 강원도 원주의
한 교회를, 김의환 당시 칼빈대 총장님의 격려에 힘입어 맡아 개척을 하게 됐다.

평소 깊이 교분을 나누며 형제처럼 지내온 전영천 목사가 소개한 이 교회는
교회 간의 의견 차이로 비어 있다가 내가 설교자로 초빙을 받게 된 것이다.

이곳은 교회로서 시설은 거의 갖췄지만 자체 건물이 아니어서 월세를 내야 했
는데 이를 전영천 목사가 부담하겠다고 나섰다. 복음화가 안 된 이 농촌에 어렵

게 교회가 세워졌는데 어떤 모양이든 예배가 드려져야 한다고 생각한 전 목사의 의도가 참 신선하게 다가왔다. 더구나 전 목사가 큰 교회 목회를 하는 목회자도 아니었다.

치악산과 인접한 원주천 뚝방길 아래 동네인 이곳은 원주 시내임에도 불구하고 한적하고 조용했다. 대신 점집과 무당집 등 무속신앙과 관련된 곳이 많았다.

김의환 총장님과 예장대신의 중직 목사님들을 초청해 교회설립예배를 드린 나는 매주 금요일이면 원주로 내려가 금요철야예배를 인도하고 토요일은 설교를 준비한 뒤 주일은 온전히 예배를 인도했다. 또 하루종일 수업이 없는 수요일도 내려가 수요저녁예배를 인도했다.

마침 아내가 공부하는 아이들만 남겨둔 채 영국생활을 정리하고 한국에 들어와 사모로서 내조해 주어 힘이 됐다. 또 권사이신 어머님이 교회 옆에 마련된 작은 사택으로 이사를 가셔서 매일 새벽재단을 쌓으셨다. 아무도 오는 이 없이 원솜니 전도사와 강단을 바라보며 매일 눈물 뿌려 기도해 주셨다. 나도 교회강단에 무릎을 꿇고 기도했다.

"하나님, 부족하고 죄 많은 저를 목사로 부르시고 신학교에서 일하게 하시고 이제 강단에 세워 목회까지 하게 하시니 감사드립니다. 내 나이 50이 넘어 하는 목회입니다. 힘을 주시고 능력을 주시고 지혜를 주셔서 하나님이 원하시고 기뻐하시는 목회를 하게 하옵소서."

그리고 나는 하나님께 목사로서 자비량으로 사역할 수 있게 해달라고 기도했다. 목사가 사례비를 받는 것이 당연하지만 나는 사업을 했던 목사로서 항상 사례비 없이 사역하고 싶다는 생각을 해왔던 것을 실천하고 싶었다.

이것은 결코 자랑할 이야기는 아니다. 자칫 당연히 사례비를 받아야 하는 목사님들께 누가 되면 안 되기 때문이다. 나는 그저 사업하며 물질에 구애됨 없이 생활해 왔던 터라 목회자가 되더라도 돈은 다른 곳에서 벌고 목회만큼은 자비량으로 하고 싶었던 것이다. 이것은 내가 지금까지 지키려고 노력하는 것 중의 하나이다.

나는 이 원주 목회를 통해 많은 것을 배우고 깨닫게 되었다. 신학교에서 배우는 목회적 이론과 현장 목회의 괴리도 알 수 있었고, 한 영혼이 얼마나 소중하고 귀한 것인지를 배우는 시간이기도 했다.

나는 이 목회를 통해 깊은 영적세계를 직접 체험했고 목회자로 다시 한 번 거듭나는 경험을 하게 된다. 목회자의 사명이 얼마나 귀하고 중요한 것인지 깨닫고 하나님 앞에 다시 한 번 바로 서는 계기를 갖는 경험을 하게 되었다.

나는 성도가 없어도 최선을 다해 설교 준비를 했고, 강단에서 하나님께 은혜를 간구하며 단 위에 섰다. 서너 명이 앉아 있어도 수천 명이 모인 것처럼 목소리를 높여 메시지를 전했다.

내가 이곳 사역에서 확실히 배우게 된 것은 하나님께서는 성령의 역사와 뜨거운 은혜를 직접 보여주기도 하시고 또 성경에 등장하는 치유의 기적이 지금 바로 이 순간에도 하나님의 이름으로, 예수의 이름으로 일어난다는 사실이었다.

어느 날인가 교회에서 기도하는데 깊은 기도가 이어져 밤을 거의 새우다시피 강단기도를 했다. 다음 날 새벽이 되어 기도회를 인도하기 위해 강단에 섰는데 피곤해야 함에도 전혀 그렇지 않고 오히려 힘이 넘쳤다. 다른 날보다 더 힘차고 은혜로운 메시지가 가슴 깊은 곳에서부터 솟아나왔다. 참석한 성도들의 눈빛도 반짝거렸다.

한창 설교를 하고 있을 때 내 마음도 뜨거워지고 강한 하나님의 성령이 임하는 것을 느낄 수 있었다. 이와 동시에 교회 뒤편 한쪽 구석에 마련해 놓은 유아실 쪽에서 붉은 불길이 솟아오르는 것이 보였다. 나는 깜짝 놀라지 않을 수 없었다. 갑자기 교회에 불이 나다니 이 무슨 일인가 생각되며 "불이야" 외치며 뛰어 나가야 하는데 그게 행동으로 옮겨지지 않고 설교가 계속 이어져 나왔다. 나는 설교하는 동안 계속 그 불길을 쳐다보며 설교를 했고 설교를 마친 후에야 그쪽으로 가 보았다. 불이 나지도 않았고 불이 난 흔적도 없었다. 내가 설교하면서 불이 나는 환상을 본 것이다.

"하나님께서 내가 밤새 뜨겁게 기도하고 은혜가 충만해져 메시지를 전하는 것을 보시고 불타는 성령의 은혜를 불길로 보여주신 것이 아닐까. 또 교회를 불같이 일어나게 해 주신다는 하나님의 예표로 알고 감사하며 목회사역에 최선을 다하자."

나는 이 새로운 영적 세계를 경험하고 목회에 더 열심을 냈다. 이 가운데 놀라운 치유의 기적도 일어났다.

거의 쓰러져 가는 초가집에 세 식구가 살고 있었다. 나이가 꽤 되신 할머니와 산에 다니며 약초를 캐는 아들, 손녀 이렇게 세 사람이었다. 그런데 나이가 30대 중반이 된 손녀는 중학교 3학년 때부터 류머티즘 관절염을 앓았는데 제대로 치료를 받지 못해 손이 뒤틀어지고 거동도 불편했다. 거의 집에만 있다 보니 웅크리고 있는 폐인처럼 보였다.

그런데 이 할머니가 우연한 기회에 교회에 나오시게 되었고 열심히 신앙생활을 하셨다. 하루는 이런저런 이야기를 나누다 손녀의 이야기를 듣게 되었다. 나는 할머니 댁으로 심방을 가서 손녀를 위해 기도를 해주게 되었다.

손녀의 모습을 보며 기도하는데 마음이 너무 아파 눈물이 나왔다. 한창 꿈 많고 해맑게 친구들과 놀아야 할 어린 시절에 질병을 만나 20여 년을 집안에 갇혀 있는 모습이 너무나 안타깝고 불쌍했다.

"하나님. 치료의 은혜를 허락하셔서 이 손녀분이 건강을 찾고 세상 속으로 나와 예배도 드리고 많은 사람들과 교제하며 살아갈 수 있도록 도와주옵소서. 하나님께서 직접 만져주시고 치유의 기적을 베풀어 주옵소서."

정말 간절한 마음으로 기도를 드렸고 이후에도 틈이 나면 심방을 가서 함께 기도하곤 했다. 그런데 어느 날 할머니가 교회에 막 도착한 나를 찾아와 감격에 찬 목소리로 말했다.

"목사님, 정말 놀랄 일이 생겼어요. 손녀가 손이 풀려 제대로 돌아왔어요. 말려 있던 손이 펴지고 몸도 많이 좋아졌어요. 하나님 감사합니다. 손녀를 고쳐 주셔서 감사드립니다."

울먹이다시피 하는 할머니의 목소리에 나도 놀랐다. 정말 손녀는 예전과 달리 좋아져 있었고 우리는 하나님 앞에 감사예배를 드렸다. 나는 이 치유의 기적을 통해 하나님의 이름으로 행하는 치유의 역사가 목회에도 참으로 중요하며 지금 이 시각에도 일어나고 있다는 사실을 확증할 수 있었다.

교회는 점점 부흥하기 시작했다. 나는 교회에 탁구대를 설치하고 동네 사람 누구나 와서 사용하도록 했다. 화장실도 개방해 누구나 사용하도록 했다. 교회 소문을 듣고 원주세브란스기독병원 의사와 직원들도 출석하기 시작했다.

교인이 70여 명이 되었고 한창 역동적으로 열심히 목회하는 중에 갑자기 내가 신학교 총장 서리로 선임, 목회를 끝내고 가야 하는 상황이 되었다. 나 개인적으로도 너무 아쉽고 서운했다. 성도들은 더 말할 것도 없었다.

나는 그동안 이 교회에 쏟은 애정과 또 헌신했던 모든 것을 다 내어놓고 이임 예배를 통해 꽃다발 하나만을 받은 채 떠나왔다.

하나님 세우신 교회는 소유의 개념이 아니라고 생각한다. 하나님의 뜻과 복음이 전파되는 은혜와 축복의 장소이어야 한다.

나 개인적으로 이 원주에서의 목회 기간은 하나님과 뜨겁게 만나고 영혼구원의 중요성과 신유와 성령충만을 체험하는 시간이었기에 하나님께 늘 감사하고 있다. 또 이곳의 목회 경험이 후일 계속 이어진 목회에 큰 도움이 되었음은 두말할 것도 없다.

진흙탕 속의 진실

나는 비교적 모든 일에 대범한 편이고 많은 사업을 했고 어려운
일도 많이 겪었기에 웬만해선 충격을 받지 않는다. 그러나 이 경
우는 두 번 다시 생각하기 싫을 정도로 나를 괴롭혔고 때론 깊은
고통으로 몰아넣었다.

우리는 인생을 살면서 어려움을 당하기도 하고 억울한 일을 당하기도 한다.
그러나 그 억울함이 우리가 생각하는 일반적인 수준이 아니라 정말 하나님이 살
아 계신지 따져보고 싶을 정도로 고통을 준다면 여러분은 과연 어떻게 행동할
것인가?

그동안 매스컴을 통해 여러 사건을 접하며 많은 사람들이 자신은 오해를 받고
죄를 뒤집어썼다며 억울해하는 것을 보아왔다. 어떤 이는 스스로 자신의 결백을
죽음으로 증명하는 경우도 있었다. 참으로 어리석은 행동이지만 오죽하면 그렇
게 했을까 연민의 정을 느끼게 되는 것도 사실이다.

그런데 바로 그런 일들이 내게 일어났다. 더구나 말할 수 없이 억울한 사건이
거의 비슷한 시기에 두 번이나 있었다. 이 사건은 일반 언론에까지 노출돼 그동

안 내가 쌓아온 이미지에 해를 입혔고 많은 지인들에게 나에 대한 돌이킬 수 없는 오해를 불러일으키게 했다.

나는 비교적 모든 일에 대범한 편이고 많은 사업을 했고 어려운 일도 많이 겪었기에 웬만해선 충격을 받지 않는다. 그러나 이 경우는 두 번 다시 생각하기 싫을 정도로 나를 괴롭혔고 때론 깊은 고통으로 몰아넣었다. 물론 이제는 나의 결백이 법적으로 가려지고 명예가 회복된 상태이긴 하지만 그 충격이 아직도 완전히 사라지진 않았다.

첫 사건은 내가 신학대학 총장 재임 시 일어났던 일이다. 학내 분규로 임시이사(관선이사)가 선임된 신학교는 이사회가 2007년 나를 총장서리로 임명했다가 2008년 제4대 총장으로 선임해 주었다. 그러나 신학교 소유권을 주장하는 옛 이사장 및 그의 아들, 그리고 학교에 돈을 빌려주었다는 이들이 나타나 갈등을 빚게 되면서 고소 고발이 이어졌다.

나는 교육부가 정식으로 선정한 관선 이사진에 의해 총장으로 선임됐음에도 불구하고 마치 학교를 내가 뺏어 총장이 된 것처럼 사실이 호도되기도 했고 옛 이사장 측에서는 학교를 내 멋대로 운영해 사리사욕을 채우는 것으로 교단에 소문을 내기도 했다. 이런 근거 없는 소문은 시간이 흐르면 사라지게 되어 있다. 지어낸 거짓은 오래가지 못하기 때문이다.

신학교와 채무관계가 있다고 주장하는 이들이 학교가 제 기능을 못 하고 있을 때는 조용하다가 학교가 학생 수가 많아지고 계속 발전을 하니 이곳저곳에서 차용했던 돈을 내놓으라며 내용증명과 차압 등을 보내오는데 정신을 못 차릴 지경이었다. 이 모든 것이 내가 학교를 맡기 이전에 일어난 일로 나로선 상황을 잘 모르지만 학교운영이 어려웠던 예전에 돈을 빌려주었다고 하는 데에는 할 말이 없었다.

학교발전을 위해 학사운영에 주력해야 할 상황에서 이런 문제로 신경을 쓰는 것이 얼마나 비생산적이고 골치가 아픈지 몰랐다. 사태는 몇년 전에 받은 법원 판결문을 근거로 돈을 내놓으라며 학교 통장을 압류하는 데까지 이르렀다. 등록금을 받는 이 계좌는 당장 학교운영을 해야 할 행정비를 써야 하는데 압류를 하면 학교 운영에 큰 차질을 빚게 된다. 이미 압류로 인해 한 차례 돈을 지급해야 했던 우리 학교는 학생들이 낸 학비가 엉뚱하게 차용금으로 나가서는 안 된다는 생각에 학교 이사회의 정식 동의를 얻어 다른 계좌로 돈을 옮겨 사용토록 했다.

이 과정에서 고소 건에 연결돼 학교통장이 압류대상이 아닌 것을 증명하라는 법원의 요청에 통장 거래내역을 건네주게 되었고, 이것이 상대측에 들어가면서 그들이 임의로 부풀려 낸 금액을 내가 모두 횡령한 것으로 조작하여 소송을 당하게 되었다.

또다시 다른 채권자가 나타나서 등록금 계좌를 압류하자, 이사회에서는 등록금 계좌를 옮길 것을 결정하였다. 이사회가 결정한 일이지만, 총장이 계좌를 옮긴 것에 대하여 법원은 내게 죄가 있다며 벌금형을 부과했다. 개인적으로 학교 교비를 유용하지는 않았지만 다른 계좌로 옮겨 사용한 것은 사립학교법 위반이라는 것이다. 이런 일로 벌금(실형)을 받는 경우는 내가 첫 사례라고 했다. 그동안 정상을 참작해 주었는데 이제부터는 이런 사례를 바로잡겠다는 사법부의 강력한 의지를 보여준 첫 번째 케이스라고 했다.

총장서리를 맡아 학교에 갔을 때는 학교 기물이 다 파손되고 학생 수도 얼마 되지 않았고 서류도 하나 없는 상태였다. 이런 학교를 혼신을 다해 정상화시키고 놀랍게 발전시키는 데 나름대로 최선을 다했는데 그 공이 이렇게 되돌아오다니 인간적으로 깊은 허탈감과 배신감이 들었다. 속이 부글부글 끓어올랐다.

이 과정도 내가 독단적으로 한 게 아니라 이사회에서 그렇게 하라고 인정하고 도장을 찍어 준 것이었다. 그런데도 세상법은 총장에게 모든 책임을 물어 벌금을 부과했다. 이 일이 나를 폄하하려는 이들에 의해 언론에까지 노출되면서 내 이력에 커다란 오점이 남았다. 사람들은 앞뒤를 생각하지 않고 잘 따지지 않는다. 정효제 총장이 벌금을 내게 된 것은 결국 잘못을 했기 때문이 아니냐고 그저 단순하게만 생각했다.

법을 인정하지 않을 수 없는 상황이었다. 하지만 내가 벌금을 내게 된 게 통장을 변경하도록 승인한 이사회의 책임이라며 당시 이사장을 맡았던 강덕영 장로께서는 벌금을 대납해 주셨다.

많은 사립학교들이 이런저런 이유로 내분과 갈등을 일으켜 정상적인 학교운영이 안 되면 교육부가 관선이사를 파송해 학교를 정상화되도록 돕는다. 내가 맡았던 대한신학대학원대학교는 이처럼 임시이사를 파송해 가장 빠르게 정상화된 첫 사례 학교로 인정을 받았지만 결국 이런 여러 가지 일로 인해 5대총장의 임기를 다 채우지 못하고 4년 4개월간의 총장직을 끝내게 되었다.

나로선 이 기간 동안 최선을 다했고 학교가 새롭게 도약하는 계기를 만들었다는 점에서 매우 보람이 컸다. 이것은 나 혼자의 공이 결코 아니었다. 이사장을 비롯한 이사진의 전폭적인 지지와 학생, 교수, 직원들의 협력이 있었기에 가능했다. 참으로 감사하게 여기는 부분이다.

나를 괴롭힌 또 한 가지가 있다. 나는 칼빈대학교 대학원에서 2008년 2월에 철학박사 학위(Ph.D)를 받았다. 내 학위 담당 지도교수는 당시 총장으로 계시던 김의환 박사님과 황건영 교수였다. 논문제목은 '유대회당의 기원에 관한 연구' 였다.

나는 이에 앞서 2005년 미국 국제신학대학에서 목회학 박사 학위를 받으며 '회당과 초대교회의 관계에 대한 연구-한국교회의 미래를 위하여' 란 제목의 논문을 제출해 통과된 바 있다.

그런데 2010년 칼빈대학교로부터 예상치 않았던 통보를 받았다. 나의 박사 학위 논문이 표절됐다며 학위를 취소한다는 일방적 통보였다. 당시 학교도 여러 가지 정치적 이해관계가 얽혀 있었는데 나를 못마땅하게 여기는 측이 괘씸죄를 적용했다는 생각을 지울 수 없었다. 사실 학교에서 준 학위를 학교 스스로 잘못됐다고 취소하는 경우는 거의 없다. 학교 스스로의 권위를 실추시키는 일이기도 하기 때문이다.

더구나 이런 중대한 결정을 하려면 논문지도교수에게 의견을 물어야 함에도 그 과정을 거치지 않았다. 또 이사회의 승인도 없이 논문검증소위원회의 의결만 거쳐 학위 취소를 전격 승인한 것이다.

사유를 보면 내가 쓴 목회학 박사 논문을 자기표절했고 또 다른 한 분의 것도 표절했다는 것이었다. 이는 사실과 달랐다. 내가 쓴 목회학 박사 논문을 참고하면서 그 과정을 분명히 명기했고 다른 것도 참고한 부분에 대해 분명히 기록한 것이기에 박사 학위 논문으로서 전혀 하자가 없었다.

나는 이를 그냥 넘어갈 수 없다고 생각했다. 무엇보다 나의 명예와 학교의 명예가 직결된 일이기에 즉시 학위 취소금지 가처분 신청을 법원에 내어 제소했다. 그리고 본안 소송 결과 나는 당연히 승소했고 법원으로부터 손해배상 판결까지 받아낼 수 있었다. 진실은 반드시 승리하는 법이다.

그러나 그 과정을 자세히 이야기하지 않으려 한다. 당사자들이 아직도 활동하고 있기 때문이다. 나 스스로도 이런 일련의 과정들을 겪으며 기도를 참 많이 했다. 나 역시 부족한 면이 많기에 일어난 부분도 있으리라 생각하며 어느 선에서 명예회복만 한 뒤 더 이상 책임을 묻지 않았다.

나는 이 두 사건을 통해 하나님으로부터 대신 위로를 받았다. 그것은 바로 로

마서 12장 17절에서 21절까지 말씀이었다.

"아무에게도 악을 악으로 갚지 말고 모든 사람 앞에서 선한 일을 도모하라 할 수 있거든 너희로서는 모든 사람과 더불어 화목하라 내 사랑하는 자들아 너희가 친히 원수를 갚지 말고 하나님의 진노하심에 맡기라 기록되었으되 원수 갚는 것이 내게 있으니 내가 갚으리라고 주께서 말씀하시니라 네 원수가 주리거든 먹이고 목마르거든 마시게 하라 그리함으로 네가 숯불을 그 머리에 쌓아 놓으리라 악에게 지지 말고 선으로 악을 이기라."

이스라엘 학습법을 도입한
크로마국제기독학교를 설립하다

이스라엘의 교육은 너무나 유명하다. 세계 학계와 경제계, 문화계를 휩쓸고 있는 주역들을 보면 유대인이 얼마나 많은지 모른다. 역대 노벨상 수상자 22%가 유대인이고 미국 슈퍼리치 100인 중 20%가 유대인이다.

총장으로 재임하던 신학교가 관선이사 체제를 끝내고 정이사 체제가 들어오게 됨에 따라 2011년 말까지 총장으로서의 사역을 마무리했다. 이 과정도 참 할 말이 많지만 아끼려 한다. 논쟁은 논쟁을 낳기에 덮는 편이 좋다고 여기기 때문이다.

그런데 내가 신학교 내에 설립해 예배를 드리던 갈릴리교회가 문제로 대두됐다. 이 갈릴리교회는 매 주일 학교 내 강당을 사용해 예배를 드렸으며 성도 대부분은 외부에서 오는 이들이었다. 나는 이곳에서 사역하면서 일체의 사례비를 받지 않았고 모인 헌금은 학생들의 장학금이나 학교에 보내 이를 사용하도록 해왔었다.

따라서 성도들은 내가 이 학교를 떠나면 다른 곳에서 갈릴리교회를 개척해 함께 예배를 드려주길 원했지만 나는 그 장소에 교회를 든든히 세워 놓고 나홀로 떠나기로 결정하였다. 또한 나는 예전부터 교회를 짓거나 설립하는 데 많은 예산을 사용하는 것을 못마땅하게 여기고 또 반대하는 입장이다.

이 과정에서 이전부터 사업관계로 알고 지내던 손 집사가 예배드리기 좋은 곳이 있으니 와서 보고 사용하라고 했다. 차일피일 미루다 가서 본 곳이 경기도 성남시 수정구 복정동에 있는 크로마빌딩이었다. 동서울대학교 옆에 위치한 이 건물은 지하 1층 지상 10층으로 건평이 12,000평이나 되는 대형건물로 최신식으로 지어졌다.

건축중인 상태의 건물 로비에서 광야교회를 세우는 마음으로 50명이 모여 2011년 10월 30일 첫 예배를 드리고 11월 18일 크로마교회란 이름으로 설립예배를 드렸다. 10월 마지막 주일이 종교개혁 기념주일이었는데 이날을 교회창립일로 삼아 매년 이를 지켜오고 있다.

신학교에서 쓰던 교회 집기며 의자 등은 모두 두고 왔고, 함께 예배드린 N교수님이 사용하다 가져오신 강대상, 집기 등을 이용하여 비용을 들이지 않고 시작한 크로마교회는 나로선 세 번째 새롭게 시작하는 목회인 셈이었다. 먼저 강원도 원주에서 갈릴리교회를 개척했고 다시 신학교 강당에서 갈릴리교회를 연데 이어 좋은 장소를 주심에 감사했다.

그런데 이곳에서 예배를 드린 지 한 달 만에 더 이상 예배를 드리지 못한다는 연락을 받았다. 학교와의 시설계약 등 여러 가지 얽힌 부분들이 풀리지 않은 상태에서 시설 사용은 불법이라는 것이었다.

참으로 난감하고 황당했지만 어찌할 수 없었다. 크로마교회는 고민 끝에 서울 역삼동에 있는 한국유나이티드재단이 소유한 아트홀을 주일만 빌려 사용키로 했다. 총장 때 이사장으로 모셨던 강덕영 장로님이 이 건물의 오너이셨기에 특별히 배려해 주셔서 참 감사했다.

그리고 복정동 크로마빌딩 입주는 조금만 조금만 하면서 2년을 끌게 되었는데 이 과정에서 탄생한 것이 바로 크로마국제기독학교이다. 교실로 사용할 수 있는 공간이 마련되어 있었고 모든 교육시설이 완비된 대학 구내에 자리잡고 있으니 이보다 더 좋은 조건의 기독학교를 꿈꿀 수 있을까 싶을 정도로 예비된 장소였다.

사실 나는 이스라엘에서 14년을 살다 한국에 돌아와 느낀 것 중에 가장 안타까웠던 게 한국의 교육시스템이었다. 학생들을 입시지옥으로 몰아 한창 뛰어놀고 역동적으로 움직여야 할 시기에 공부만 파고들게 하고 있었다.

나는 딸 셋 중 두 딸을 모두 이스라엘에서 낳았다. 병원에 찾아가 신생아실에 눕혀져 있는 많은 아이들을 보면서 이런 생각을 하게 되었다.

'지금은 하나같이 천사처럼 귀엽고 예쁜 아이들이다. 그런데 이 아이들이 20년, 30년, 40년이 지나면 이제 그 삶들이 완전히 바뀌게 된다. 대통령이 될 수도, 거지도 될 수 있는… 각자의 삶을 바꾸는 키워드는 대체 무엇일까?

나는 그 정답이 결국 '교육'이라는 결론에 이르렀다. 훌륭한 양질의 교육은 사람을 변화시키고 각자가 가진 잠재력을 이끌어 내어 이를 극대화시킨다.

이스라엘의 교육은 너무나 유명하다. 세계 학계와 경제계, 문화계를 휩쓸고 있는 주역들을 보면 유대인이 얼마나 많은지 모른다. 역대 노벨상 수상자 22%가 유대인이고 미국 슈퍼리치 100인 중 20%가 유대인이다.

많은 사람들이 한국 부모들의 교육 열기가 세계에서 제일 높은 줄 아는데 내가 보기엔 이스라엘 부모들의 교육열기가 더 높다. 한국은 아이들을 다그치고 몰아세워 공부에만 집중하게 하는데 이스라엘은 개개인에 맞는 영재교육을 시킨다. 그래서 세계 최고의 석학과 인재들이 나오는 것이다. 이 교육은 하루아침에 이뤄진 것이 아니다. 수천 년 역사를 통해 이어지고 답습되며 보완되고 발전된 결과물이다.

나는 언젠가 이 이스라엘 교육시스템과 학습법을 들여와 한국에서 인재를 양성해도 좋겠다는 생각을 늘 하고 있었다. 그런데 크로마빌딩의 시설을 보는 순간 바로 이곳에 이스라엘 학습법을 가르치는 국제학교를 설립하면 좋겠다는 생각이 번쩍 들었다. 더구나 이곳엔 기숙사 시설도 이미 되어 있었고 수영장, 강당 등 체육시설까지 학교로 사용하기엔 최적이었다.

그러나 모든 일이 뜻대로 되는 것이 아니었다. 먼저 학교 등 관계자와 문제를 풀어 사용이 가능하도록 만들어야 했고 또 학교로서 시설을 갖추려면 초기자금이 막대하게 준비되어 있어야 했다.

"하나님, 산 넘어 산이지만 하나님이 허락하시면 이 이스라엘 학습법을 도입한 국내 최초의 국제학교를 멋지게 운영하고 싶습니다."

이 기도를 수시로 했다. 그런데 이 기도가 현실로 구체화되기 시작했다. 우선 이 크로마빌딩을 사용할 수 있도록 학교 측과 대화가 잘 되었고, 크로마교회에 출석하는 김 권사님께서 설립 자금을 빌려 주셔서 가능했던 일이었다.

나는 어떻게 보면 뜻만을 가지고 기도해 오던 것이 갑자기 빠르게 진척되는 것을 보며 이 사역을 하나님께서 원하시고 계신다는 확신을 갖게 되었다. 이렇게 준비를 하고 2014년 봄에 문을 열게 된 것이 바로 크로마국제기독학교(Croma Christian International School)이다.

사실 주위에서 우려하고 걱정해 주는 분들이 많았다. 찬성하며 잘해보라는 분들보다 그렇게 많이 투자해 학생들이 과연 모여서 유지가 되겠느냐고 걱정을 많이 했다.

그러나 나는 자신이 있었다. 이런저런 것을 따지기만 하다 보면 새로운 일을 이루지 못한다는 것이 내 생각이다. 다소 우려되는 부분이 있어도 도전하고 노력해서 이루어낼 때 느끼는 보람은 매우 크다.

　나는 목회자이지만 이 사역도 큰 틀에서 목회라고 생각한다. 기독교정신과 신앙으로 잘 무장된 학생들로 교육시켜 시대를 이끄는 리더로 만들어 준다면 이 역시 참으로 의미 있는 목회라 판단한 것이다. 나는 또 다시 새로운 세계에 발을 내딛게 되었다.

글로벌 인재 양성의 사명

> 우리 학교가 특별히 관심을 끈 이유는 획일화된 주입식 교육을 지양하고 이스라엘의 토론식 수업방법을 택한 국내 최초의 대안학교라는 사실 때문이었다.

경기도 성남시 수정구 복정로 76번지. 동서울대학교 옆 크로마빌딩에서 2014년 봄에 문을 연 크로마국제기독학교(CCIS)는 설립 초기부터 많은 관심을 끌었다.

CCIS 이사장은 박동순 전 이스라엘 대사님이 맡아 주셨다. 개인적으로도 나와 오랜 친분 관계를 유지해 왔지만 온누리교회 장로님이시고 교육에도 특별한 관심이 많으셔서 우리 학교로선 큰 힘이 되었다.

CCIS는 학교 내부 규모만 12,000평으로 최신식 교육시설을 갖추었다는 것이 가장 큰 자랑이다. 앞에서도 밝혔지만 우리 학교가 특별히 관심을 끈 이유는 획일화된 주입식 교육을 지양하고 이스라엘의 질문식 수업방법을 택한 국내 최초의 대안형 국제학교라는 사실 때문이었다.

우리는 유치원부터 고등학교 과정까지 14학년, 소수 정예의 학생을 모집했다. CCIS(Croma Christian International School)는 이스라엘식 창의적 교육법과 신앙교육을 접목시킨 커리큘럼을 통해 인성과 영성, 실력을 갖춘 차세대 글로벌 리더를 육성해 나가는 데 역점을 두었다.

크로마(CROMA)는 '창의적 사고(Creative Thinking)'와 '책임 있는 행동(Responsible Behavior)', '순종적 신앙(Obedient Faith)', '신실한 도덕성(Moral Integrity)', '탁월한 학업능력'(Academic Excellence)의 영어 첫 글자를 각각 따온 것이다. CROMA는 헬라어로 색을 의미하며 또한 색의 순도를 측량하는 기준을 의미한다.

CCIS 교사는 원어민 교사와 석·박사 이상의 교육전문가들로 구성했다. 4세와 5세 유치반 각 15명을 제외하면 각 학년의 정원은 20명에 불과하다. 특화교육을 통해 수준에 맞는 교과과정을 지도하며 미국 고교나 대학에 진학을 원하는 학생들에겐 SAT 및 TOEFL을 지도해 주기로 했다.

나는 학부모들에게 이렇게 말했다.

"유대인이 우수한 이유가 그들만의 독특한 학습법과 특히 질문식 교육에 있었음을 확인하게 되었습니다. 그래서 힘들게 유학을 보낼 것이 아니라 한국에서 부모와 함께 지내면서도 우수한 교육을 받을 수 있도록 최상의 교수진과 시설을 갖춘 것입니다."

CCIS가 특별한 이유는 제일 먼저 우수한 교수진을 들 수 있다. 이스라엘 교육 컨설턴트인 에브라임 바스 학감은 이름 있는 유대인 교육자로 '토론과 질문을 중심으로 한 교육'이 자리 잡을 수 있도록 책임을 지고 있다.

CCIS는 미국교육전문가들을 비롯 이스라엘에서 공부한 박미영 원장(유치원), 미국에서 교육학을 전공한 제이미 차(초등학교), 최두열 박사(중·고교) 등이 책임을 지고 있다. 또 영어와 수학, 과학 등 과목별 특성에 맞게 꾸며진 교실에서 학생들이 반을 이동해 가며 수업을 한다. 서구식 효율적인 학습스타일의 장점만 따온 것이라 보면 된다.

CCIS는 또 시설이 국내 어느 국제학교와 견주어도 손색이 없다. 대학교의 대규모 강당과 축구장, 수영장, 골프 인도어 등 국제규모의 체육시설을 비롯해 1,000석 규모의 극장을 공유하고 도서관, 식당, 컴퓨터실 등이 최신 시설로 설비됐다. 특히 호텔식으로 꾸며진 기숙사는 많은 학생들이 불편함 없이 생활할 수 있는 규모로 학부모를 안심하게 해준다. 운동은 물론 음악, 미술 등 다양한 방과 후 프로그램도 마련하고 있다.

위치적으로도 강남과 바로 연결되어 교통이 편리하고 유치원부터 고교까지 통합교육이란 점에서 학생 개개인의 자질을 파악, 특성화 교육을 할 수 있게 되었다.

무엇보다 유치부 및 초등, 중·고교 담당 교장은 상호 유기적인 교육체제 속에서 인재로 성장할 수 있도록 돕는다. 계속 상급반으로 진학하는 과정 가운데 개개인의 특성을 공유해 가장 효과적인 교육을 실시하게 된다.

보통 국제학교는 영어가 가능해야 입학하는 것으로 알고 외국에서 학교에 다녔던 아이들만 가는 것으로 안다. 그러나 CCIS는 영어가 부족한 학생들도 얼마든지 들어올 수 있도록 문을 넓혔다. 이들을 위한 ESL(English as Second Language) 수업을 통해 정규영어수업에 따라가도록 도움을 주기 때문이다.

성경에서 출발하는 이스라엘식(유대식) 교육은 지난해 노벨상 수상자 8명 중 6명이 유대인이란 사실로 그 효과를 입증해 주고 있다. 이 이스라엘식 교육은 보다 엄밀하게 들어가면 기독교 정신과 기독교 교육을 전파하고 선교적 목적까지 연결되는 것이기도 하다. 따라서 선교사와 목회자 자녀를 위한 장학제도를 두기로 했다. 올해도 이미 여러 학생이 혜택을 받고 공부하고 있다.

CCIS 이스라엘 교육 컨설턴트 에브라임 바스(Ephraim Bass) 박사는 학부모를 대상으로 하는 학교 오리엔테이션에서 항상 이렇게 말한다.

"이스라엘 교육의 핵심을 '소통'이라고 보는 이유는 유대인이 수없이 많은 외세의 침입과 점령에 시달리고 타국생활을 했어도 다른 문화와 융화하는 방법을 터득해 역사를 이어왔기 때문입니다. 이 이스라엘 역사와 교육은 결국 새로운 사회, 문화, 언어에 민첩한 교육모델을 제시해 왔습니다. 소수 민족인 이스라엘이 세계적으로 큰 영향력을 미칠 수 있는 이유가 바로 독특한 역사와 교육방법에 있는 것입니다.

학생들에게 스스로의 정체성을 분명히 확인시켜 지속적인 대화와 소통을 통해 토론교육을 유도해야 합니다. 내가 설명하고 이해시킬 수 있어야 온전히 내 것이 됩니다. 자신의 의견을 바르게 전달할 수 있는 능력과, 다양한 의견을 수렴할 수 있는 자세야말로 진정한 토론형식의 교육입니다. 이런 점에서 CCIS는 제도적으로 철저한 말씀의 가르침을 통해 학생들 개개인의 정체성과 인성 양성에 총력을 기울일 것입니다. 우리 학교의 또 다른 자랑은 이스라엘 교육기관에서 거액을 투자해 제작한 교재(Time to Know)에 있습니다. 신앙적으로 올바른 가르침과 학문적 탁월성을 함께 추구하는 목적에 맞춰진 이 교재는 크리스천 글로벌 인재를 양성하는 데 가장 적합하다고 거듭 확신합니다.

저는 이스라엘 교육전문가로 한국에서 일하게 되어 매우 보람을 느끼며 매일 아침 채플시간을 통해 기도하는 학생들과 교사들이 참으로 놀랍습니다. 창의성을 최고의 교육 목표로 세운 이 CCIS에서 국제적으로 영향력 있는 인재들이 많이 배출되길 희망합니다."

바스 박사 말대로 CCIS는 이제 글로벌 시대에 한국을 넘어 세계를 주름잡을 수 있는 차세대 리더를 키우는 데 앞장서고자 한다.

돌이켜보니 하나님께서 내게 이스라엘로 가서 14년을 살게 하시고 이어 다국적기업의 CEO가 되게 만드셔서 국제적인 감각과 경영능력을 배우게 하셨다. 한국으로 돌아와 목사가 되게 만드셨고 대학 총장으로 부총장으로 5년이 넘게 일하도록 인도하셨다. 교수로서 강의한 것까지 포함하면 이보다 훨씬 많은 시간, 교육에 몸담은 게 된다.

이 모든 걸 종합해 보면 이제 하나님께서 CCIS를 통해 일하라고 사역을 맡겨주신 것이 아닌가 싶다. 나는 최소 3년 이내에 CCIS를 그 어느 학교와 견주어도 손색이 없는 학교로 발전시킬 자신감이 있다.

아직은 부족하지만 내년, 내후년에는 놀랍게 발전에 발전을 거듭한 크로마국제기독학교를 발견할 수 있을 것이다. 그것이 내게 주신 사명이라 여기며 열심히 기도하는 가운데 책임을 다할 것을 다짐해 본다.

이스라엘 교육의 핵심은 무엇인가

> 결국 이스라엘 역사와 교육은 고국을 떠나 사는 이주민(Diaspora)의 환경 속에서 형성된 것이다. 따라서 이들의 교육은 수천년 동안 다른 문화를 습득하는 국제적이고 포괄적인 마인드를 추구하게 된다.

이스라엘 교육, 즉 학습법의 핵심을 이해하기 위해서는 이스라엘의 역사의식과 문화를 먼저 잘 이해해야 한다. 이스라엘 교육이 가지고 있는 희소성이란 바로 이들의 매우 독특한 역사에서 시작되기 때문이다. 성경의 처음과 끝도 사실 이스라엘의 역사라고 볼 수 있다. 기독교 신앙의 기초 또한 이스라엘의 구속사(Redemptive History)적 관점에서 보아야 할 부분이 아닐 수 없다.

이스라엘 민족은 수없이 외세의 침입과 점령에 시달리며 타국생활을 해야 했다. 이러한 엄청난 비극 속에서 그들은 다른 문화와 융화하는 방법을 터득하게 된다.

결국 이스라엘 역사와 교육은 고국을 떠나 사는 이주민(Diaspora)의 환경 속에서 형성된 것이다. 따라서 이들의 교육은 수천 년 동안 다른 문화를 습득하는 국제적이고 포괄적인 마인드를 추구하게 된다. 때문에 이들은 새로운 사회, 문화, 언어에 언제나 민첩함을 보여 왔다.

이스라엘이 소수 민족임에도 불구하고 세계적으로 큰 영향력을 미칠 수 있는 이유는 바로 이러한 독특한 역사와 교육방법에서 그 답을 찾을 수 있다.

이스라엘 교육은 성경에 근거한 영적인 정체성과 국가적인 정체성을 매우 중요한 부분으로 삼는다. 이스라엘은 오랫동안 타국생활을 하면서 자신들이 누구인지, 정체성(Identity)에 대한 고민을 끊임없이 해왔다.

이처럼 진정한 교육이란 '내가 누구인가?' 라는 질문에서 출발하고 결론이 나와야 한다. 그런데 아쉽게도 한국의 공교육에서는 이러한 근본적인 정체성 교육에 전혀 비중을 두고 있지 않다.

이 정체성이 제대로 교육되지 않기 때문에 기계적인 성적 위주의 학생들이 배출되고 10대 우울증과 자살률이 적지 않은 것이다. 이는 대한민국 교육과 사회가 고치고 가야 할 큰 문제가 아닐 수 없다.

실제로 이스라엘 학교에서는 오전 시간에는 민족의 정신과 역사교육을 하고 오후 시간에는 수학, 과학 등의 지식수업을 진행한다. 계속된 역사교육을 통해 아이들이 민족정신과 뿌리의 중요성을 알아가고 아직까지 그 정신을 이어나가고 있는 것이다. 바로 이것이 세계 강대국 미국을 움직이고 세계를 움직이는 이스라엘의 힘의 근원이라 할 것이다.

또 이스라엘 교육은 토론형식을 위주로 진행하는 것이 핵심이다. 이 이야기는 여러 번 강조하고 있지만 아무리 강조해도 지나치지 않다. 다른 문화와 언어를 습득하고, 정체성을 중요시하는 것도 궁극적으로는 자신의 의견으로 사회와 공동체 발전에 기여한다는 데 의미가 있다.

이런 내용들이 철저히 훈련되어야 한다. 즉 문화와 언어 습득력, 확고한 정체성 없이는 진정한 토론식 교육을 실행할 수 없다는 게 사실이다.

자신의 의견만을 내세우는 것은 공동체와 사회 발전을 위한 교육방식이 아니다. 자신의 의견을 국가를 초월해 전달할 수 있는 능력과 다른 이들의 의견을 수렴할 수 있는 자세야말로 진정한 토론형식의 교육방법이다.

이밖에 이스라엘 교육의 특징을 소개한다면 자녀교육은 부모의 의무로 부모는 장차 자녀에게 신세를 지지 않는다는 생각을 가진다. 자식을 통해 자신이 덕을 보겠다는 생각 자체가 없다.

또한 몸보다 머리를 활용해서 가르치며 생각을 유도하기 위해 계속해서 질문을 반복한다. 배움 자체가 꿀처럼 달콤하다는 것을 계속 반복 체험시켜 믿도록 만든다. 공부 자체가 재미있고 유익한 것으로 만들어 주는 것이다.

또 다른 몇 가지를 살펴보면 이스라엘 사회에는 옛날부터 지금까지 확고하게 존중되고 지켜지는 중심가치가 있다. 바로 주다이즘(Judaism)이다. 이것은 단순한 규범이나 사회질서, 그리고 이념이나 사상을 뛰어넘는 것이다. 시간과 세대를 초월해 모든 이스라엘인을 하나로 통합시켜주는 강력한 사슬이다.

결국 이스라엘의 교육목표는 그들의 종교와 전통을 잘 지키면서 세계시민이 되는 것이다. 이는 곧 그들의 방식을 따르며 사는 것이다. 왜냐하면 유대인은 자신의 방식이 세계표준이라고 생각하기 때문이다. 또 있는 그대로를 받아들이고 존중하는 풍토를 가지고 있다.

이스라엘은 GDP의 9%를 교육예산으로 투입하고 있는 나라다. 우리나라보다 두 배 이상이다. 그중 영재교육에도 많은 투자를 한다는 사실을 기억할 필요가 있다. 여기에 자유스러운 탐구정신이 공존하고 있다.

앞에서 소개한 내용들을 크로마국제기독학교에서는 제도적으로 교육프로그램에 도입, 교육목표로 삼고 있다. 다양한 인종과 문화가 어울려 국제적인 마인드를 형성하는 법을 터득하게 하는 것이다. 단지 맹목적으로 영어만을 가르치는 일반 국제학교와는 달리, 크로마국제기독학교에서는 다양한 문화 속에서 진정 소통할 수 있는 인격을 양성하는 것을 우선으로 삼고 있다.

그래서 CCIS는 철저한 말씀의 가르침을 통해 학생들 개개인의 정체성과 인성 양성에 총력을 기울이고 있다. 매일 아침 채플시간을 통해 말씀과 가까이하며, 일대일 상담 제도를 통하여 학생들 개인의 자질과 소양을 계발시켜 정체성에 대한 확고한 이념을 가르치는 데 궁극적인 목표를 두고 있다.

해외에 있는 우수한 한국 유학생들에게 한 가지 공통적인 면이 있다면 그것은 바로 '소통력 부족'이다. 주입식 교육과, 입시를 위한 교육제도는 창의적인 인물을 양성하는 데 한계가 있다. 크로마국제기독학교에서는 기존의 공교육에서 실패한 '질문형' 인재 양성에 목적을 둔다.

이스라엘의 소통교육은 질문으로 시작하여 질문으로 마감한다. 스스로 답을 찾도록 흥미를 유발시키며, 다른 학생들의 의견도 존중하는 기본에서 출발한다. 이러한 창의성을 최고의 교육 목표로 세운 크로마국제기독학교에서 국제적으로 영향력 있는 인재들이 많이 배출되어야 한다는 사명감을 가진다. 그래서 이곳 학교 출신들이 한국 사회뿐만이 아닌 국제 사회에서 선한 영향을 끼치는 결과를 기대해 본다.

교육에서 가장 중요한 것은 선정된 교재와 교육을 실천할 교사이다. 크로마국제기독학교에서는 철저한 교사훈련 시스템을 통해 영어로 전 수업 진행은 물론, 인성교육을 실천할 수 있는 교사배양에도 끊임없이 연구하고자 한다.

이스라엘 교육의 구체적인 학습법과 교육내용은 이 책 4부 칼럼에서 자세히 다루고 있다. CCIS를 통해 이루실 하나님의 역사를 기대하며 오늘도 CCIS 섬김이로서의 역할에 최선을 다했는지 스스로에게 질문해 본다.

크로마국제기독학교를 설립해 6개월이 지난 2014년 8월 말이었다. 한 학생의 학부모가 아주 정성스런 편지를 보내왔다. 요즘처럼 간편하고 쉬운 것만 찾는 디지털 시대에 아날로그적 감성으로 글을 보내 주신 게 감사해서 내용을 정독해 보았다.

편지의 결론은 한 마디로 아이를 이 학교에 보내기를 너무나 잘했고 감사하며 아이가 달라졌다는 이야기였다. 아직 학교가 정리되지 않았고 학생들에게 100% 만족스러운 교육을 하고 있지 못하다고 생각해 미안해하고 있던 터에 이 편지는 내게 큰 힘이 되었다.

그래서 학부모의 양해를 얻어 이 내용을 그대로 소개해 보려고 한다. 이 내용이 여러 학부모들이 안고 있는 교육에 대한 공통관심사가 되는 데다 교육적인 내용의 글이라 판단되기 때문이다. 우리 학교를 자랑하기 위한 것이 아니라 자녀교육에 도움이 되리라는 생각으로 이 글을 옮긴다.

교육자로서 하나님 앞에 부끄러움이 없기를

> 부모의 자녀에 대한 관심과 사랑, 교육에 대한 열정이 결국 자녀를 세상 속에서 훌륭한 리더가 되게 만든다. 자녀 교육에 대해 방관하고 공부 못한다고 무시만 하는 부모 밑에서 훌륭한 자녀가 나오기 힘들다.

안녕하십니까?

크로마국제기독학교를 설립하시고 이끌어 가시는 정효제 교장님과 선생님, 직원분께 감사하는 마음으로 이 글을 씁니다. 그것은 제 아이가 이 학교에 다니면서 너무나 달라졌고 또 생활습관과 학습태도도 달라졌기 때문입니다. 크리스천이라면 하나님께서 선물로 맡겨주신 자녀를 잘 양육하고 가르치는 것은 매우 중요한 문제입니다. 부모님은 자녀 교육에 많은 관심은 갖고 있지만 자녀에게 꼭 맞는 방법을 찾거나 실행에 옮기는 것을 주저합니다.

보통 국가 교육 정책, 상업적 교육광고 그리고 학원 등에 맞추어 자녀들을 맡기고 있습니다. 이 길이 우리 자녀들에게 맞는 방법인지? 틀린 것인지? 알 수 없습니다.

자녀는 선택권이 없기에 하나님께서 자신에게 부여한 소명이 무엇인지 모르고 옆에 있는 자녀들이 가는 길을 그냥 따라가고 있습니다. 그리고 그 결과 수많은 자녀들이 희생되고 있습니다.

첫 문제가 친구들과 대화, 언어사용에 관한 것입니다.

크리스천으로서 사춘기 학생들은 초중고 시절 학교에서 친구와 대화법에 어려움을 느낍니다. 대화 중 80%가 욕을 사용합니다. 자녀들의 대화법 문제는 교사와 부모의 노력으로 해결할 수 없습니다. 저희는 지속적이고 강제적으로 자녀를 훈련하였고 자녀는 100% 순종하기보다는 부모의 강제적 권위가 동반된 상황으로 받아들였습니다. 특히 다른 친구들의 불공정한 행위, 본인을 화나게 만들 때, 상대방 친구가 일방적으로 욕을 할 때 어떻게 반응해야 하는지 어려움을 가지고 있었습니다.

그런데 CCIS에 입학해 선생님들의 교육과 후배, 선배, 친구 등 모두 함께하는 이들이 한 목표를 가지고 생활하다 보니 자신의 나쁜 기분을 어떻게 상대방에게 표현해야 하는지 등 잘 표현하는 방법을 배우고 상의하고 있습니다. 부모가 더 이상 강제적으로 개입하지 않아도 스트레스 받지 않고 스스로 해결하는 능력이 향상되었습니다.

핸드폰 등 전자기기 문제에서 해방됐습니다.

요즘 학생이면 누구나 스마트폰을 90% 이상 소지하고 있고 컴퓨터 게임을 즐겨 하는 친구가 대부분입니다. 아들은 2G폴더핸드폰으로 놀림당하고 컴퓨터게임을 배우지 못해 친구들과 친밀한 교제를 나누기가 어려웠습니다.

친구들은 PC방에 가서 교제하기 원했지만 본인은 PC방에 가본 적도 없어 체육 활동을 통해 여가를 보내고 싶었지만 호응하는 친구도 없었습니다.

그런데 CCIS 학교 입학 후 부모님의 통제 없이 본인 스스로 노트북 통제력을 가지게 되었고 노트북 사용 능력이 매우 향상되었으며 선생님들과 후배, 선배 등과 함께 다양한 체육을 통해 행복하고 즐거운 시간을 보내고 있습니다. 자신의 욕구가 해결되고 체력이 좋아지고 정신력도 좋아졌습니다. 불필요한 일에 시간을 허비하지 않아 역동적이고 적극적인 아이가 되었습니다.

신앙이 좋아진 것도 너무나 기쁩니다.

초등학교 시절까지는 교회에 잘 출석하는 것으로 만족하고 부모님의 개입으로 신앙생활을 하지만 중학교에 가면 통제가 쉽지 않습니다. 많은 부모님들의 강제적 교회활동과 강제적 권위를 이용한 신앙교육으로 많은 자녀들이 교회에서 멀어지고 있습니다.CCIS에서 체계적 성경 수업을 통해 부모의 개입 없이 스스로가 하나님을 인격적이고 논리적으로 만나 하나님 말씀에 관해 많은 고민과 질문을 하는 신앙의 갈증을 해결할 수 있었습니다. 선생님들이 모두 크리스천이라 성경 선생님 뿐 아니라 다른 과목 선생님들에게도 성경적 질문을 할 수 있어 좋았습니다. 또한 진정한 찬양과 예배를 사모하게 되어 적극적인 예배 관람자가 아닌 예배를 드리는 사람으로 태도 변화가 있었으며 하나님의 자녀로서 나아가야 할 방향을 깨닫게 되었습니다.

학습 멘토를 만났습니다.

학업도 우수하고 전국대회 과학창의재단 주최에서 삼성엔지니어링대표이사장상을 수상하는 과학과 수학에 관심이 많은 꿈 많은 자녀였지만 밀려오는 시험, 수행평가, 영재원 입시 등 부모와 사교육이 개입하지 않고는 해결할 수 없는 교육적 현실을 느끼게 되었습니다.

CCIS에서는 사교육을 필요로 하지 않아 부모가 개입해야 할 부분이 거의 없습니다. 난이도 높은 과제도 자녀 스스로 해결하고 있고 자기주도학습법을 습득하고 있습니다. 주말에는 가족과 함께 여가생활을 할 수 있는 충분한 시간을 확보해 주셔서 가정이 매우 행복합니다. 자녀에게 맞는 집중과 선택을 통해 다양한 방법으로 접근하시는 선생님들, 세심한 배려로 부족한 부분을 수시로 알려주시고 숙제로 보충해주시는 선생님이 계시기에 자녀는 편안하게 학습할 수 있는 기회가 생겼습니다. 분명한 것은 공부시간이 이전보다 질이 높아지고 양이 많이 늘어나서 어려워졌지만 자녀는 자신도 모르는 사이 잘 헤쳐 가는 방법을 배워 잘 적응하고 있다는 것입니다

영어교육이 가장 만족스럽습니다.

초, 중학교에서 영어점수를 우수한 성적으로 유지하였지만 외국인들 앞에서 영어 한마디도 못하는 자녀였기에 고민을 많이 했습니다.

CCIS 입학 초기에 4가지 영역으로 시험을 치렀으나 매우 낮은 점수로 얘가 이 학교에서 잘 적응할 수 있을까? 라는 의구심을 선생님과 부모 모두 가지게 되었습니다.

하지만 선생님들의 열정적인 가르침으로 수업시간, 스터디타임, 그리고 기숙사에서 짧은 시간 동안에 많은 것을 배울 수 있었습니다. 지금은 영어에 대한 자신감을 갖고 스스로 영어소설책을 읽고 요점 정리를 하고 무엇보다도 영문판 '새나' 책으로 QT를 합니다. 영어는 환경과 자신감이 중요하다고 생각합니다.

선생님과 교제도 너무나 감사합니다.

CCIS 선생님들은 믿음을 바탕으로 한 세심한 배려와 관심으로 스스로 공부하고 비전을 심어줌으로 자신의 소명을 발견하고 열심을 다해 정진할 수 있게 도와주셨습니다. 선생님들의 책임감 있는 활동과 학생들과의 체육 활동을 통한 소통으로 자녀들이 친근하게 선생님과 자신의 개인적인 생각을 나누도록 도와주셨습니다. 선생님들의 사적인 시간을 학생들에게 활용하여 이곳에서만 즐길 수 있는 방법으로 최선을 다하여 섬겨 주십니다. 언제든 자신의 고민과 생각을 이야기할 수 있는 아름다운 선생님들과의 소통이 CCIS 가장 큰 장점이라 생각합니다.

결론입니다.

학교와 학원의 목적이 더 이상 학생들 인성과 교육을 목표로 삼지 않은 지 오래되었지만 우리 부모님들은 아직 착각 속에 살아가고 있는지 모르겠습니다.

모든 조직은 변화합니다. 교회도 변화하고 학교도 변화합니다. 올바른 변화를 하는 학교와 나쁜 변화를 하고 있는 학교들은 항상 공존하기에 우리는 끊임없이 선택을 해야 할 것입니다. 사람은 많은 것을 보고 경험하는 시기에는 좋은 곳에 머물며 배우고 그 후에는 낮은 곳으로 가서 섬겨야 한다고 생각합니다.

예전이나 지금이나 부모로서 자녀가 건강하고 행복하고 감사하는 사람이 되며 능력 있는 하나님의 사람이 되길 기도합니다. 신앙적으로 바르게 서며 공부할 수 있는 좋은 환경을 만들어주신 하나님과 모든 학교 관계자분들께 다시 한 번 감사드립니다.

학생 000의 학부모 000, 000 드림

　　나는 이 글을 읽으며 그동안 학교를 설립하고 운영하며 받았던 많은 스트레스가 순식간에 해소되는 것 같아 감사하기 그지없었다. 청량음료를 마신 것처럼 마음이 시원해졌다.

　　내가 염려한 한국교육의 현실을 학부모님이 정확히 진단하고 고민하고 있던 차에 CCIS를 통해 해결점을 얻어 감사하다는 내용이어서 나로선 그 의미가 더 큰 것 같았다.

　　그리고 아직 부족했던 CCIS를 믿고 자녀를 보내 응원해 주신 부모님께 참으로 감사한 마음이 들었다.

　　나는 이 편지를 읽으며 교육은 결코 학교만 하는 것이 아니라 부모와의 반반 책임이란 생각을 새삼 확인했다. 부모의 자녀에 대한 관심과 사랑, 교육에 대한 열정이 결국 자녀를 세상 속에서 훌륭한 리더가 되게 만든다. 자녀 교육에 대해 방관하고 공부 못한다고 무시만 하는 부모 밑에서 훌륭한 자녀가 나오기 힘들다.

나는 귀한 격려의 글을 주신 학부형에게 감사의 답장을 드리며 더 열심히 자녀분을 지도하겠노라고 다짐했다. 그리고 다시 한 번 CCIS의 설립이념을 되새기며 교육자로서 하나님 앞에 부끄러움이 없길 간절히 기도했다.

하나님이 맡겨주신 사역들

내가 할 수 있는 최선 위에 하나님의 은혜와 복이 임한다면 그것은 완전한
작품이 된다. 이런 점에서 나의 사역은 아직 현재진행형이다. 더 열심히 더
은혜롭게 내게 맡겨진 사역을 이루어 나갈 것을 다짐해 본다.

스스로 돌아보더라도 나는 참 여러 직함과 사업들을 거치며 역동적으로 지내
왔다.나는 남들처럼 조용하게 쉬거나 여유를 부리며 지내지 못한다. 며칠 일정
이 비면 아내와 아이들을 데리고 여행을 떠나거나 좀 한가하다 싶으면 새로운
일을 찾아 나선다.

이렇게 늘 바쁜 중에서도 저서를 여러 권 낼 수 있었던 것은 주위의 요청과 필
요로 만들어진 것이 대부분이었다.

내가 책을 낸 것은 1992년 한창 이스라엘에서 갈릴리여행사를 운영할 때인데
성지순례에 대한 자료가 없어 새암문화사에서 『성지순례』란 책자를 낸 것이 첫
출간이었다. 성지 소개와 사진을 함께 실어 성지순례에 도움을 주도록 한 것인
데 현지를 찾는 분들에게 많은 도움을 준 책이 되었다.

이어 한참이나 지난 2007년에 쿰란출판사에서 『이스라엘 문화와 성서읽기』란 제목의 책을 몇 분과 공저로 냈다. 우리가 기독교 신앙인으로서 기독교의 모태가 되는 이스라엘의 문화를 이해하고 또 바르게 성경을 읽기 위해선 어떤 생각을 가져야 하는지에 대한 책으로 꽤 반응이 좋았다.

나는 신학교에서 구약학 교수로 성지에 관련된 강의를 많이 했다. 총장으로 있으면서도 강의를 빠뜨리지 않았다. 그런데 구약학의 근저가 되는 모세오경을 가르치려는데 교과서로 삼을 만한 좋은 책이 없어 계속 찾다가 데스몬드 알렉산더 교수가 쓴 『주제별로 본 모세오경』이란 책을 발견해 이를 번역하기 시작했다.

알렉산더 교수는 영국 벨파스트에 소재한 유니온신학대학의 구약성경학 교수이자 대학원장이다. 아일랜드장로교회의 기독교훈련센터의 책임자로 사역해 온 그는 벨파스트 퀸즈대학교에서 셈어학을 18년간이나 강의했다. 저자는 성서학에 관련된 다양한 글과 논문을 발표했는데 그동안 나온 많은 모세오경 관련 도서들과 달리 이 책은 구약과 신약의 관계가 어떻게 진전되는지, 어떻게 상호 밀접하게 연결되어 있는지 아주 세밀하게 설명하고 있었다.

무려 560페이지나 되는 이 책은 1부에 지금까지 오경을 연구한 학자들의 견해를 제시하는 학문적인 접근을 실었다. 2부는 오경 본문 전체를 주제별로 접근해 오경의 이해를 도운 책이었다.

오경의 주제들에 대한 새로운 안목을 갖게 해주었다는 한 기자의 책 서평이 정확하게 기록되어 감사했다.

기자는 "이 책은 독자가 모세오경에 대한 현대적 접근의 미로를 헤쳐나갈 수 있도록 인도하며, 히브리 내러티브(narrative) 기법 연구에서 가장 뛰어난 영감들에 근거해 그려냄으로써 하나의 통일된 문학 작품으로 오경의 주요 주제에 초점을 맞추고 있다."고 기록했다. 또한 법학을 전공한 나로서는 모세오경이야말로 내가 가장 잘 할 수 있는 과목이라 생각되어 "법으로서의 모세오경"이라는 책을 구상하고 있기도 하고, ATA(Asia Theological Association)에서 발행하는 주석서 중에 여호수아를 의뢰받아 영문으로 출간할 예정이기도 하다.

두란노에서 출판한 「두란노 성서지도(Holman Bible Atlas)」는 8명의 교수들이 함께 번역, 출판한 기념비적인 책이고 최고의 신학서적으로 뽑히기도 하였다. 또 한동안 김의환 총장님과 손잡고 해설성경을 작업하기도 했다. 워낙 방대한 작업이고 투자도 많이 해야 하는 작업이었는데 결국 원고만 완성해 놓고 성경으로 만들진 못했다. 김의환 총장님의 갑작스러운 소천으로 말미암아 기념문집으로 신약만 정리해 『10분 만에 읽는 성경』이란 책으로 출간했다.

앞으로 이스라엘 학습법과 교육에 관한 연구를 계속해 이에 관련된 많은 서적을 낼 계획을 세우고 있다. 요즘 인터넷의 발달로 활자매체가 점점 힘을 잃고 있다. 그러나 책은 그 나름대로의 분명한 힘이 있다. 아날로그적 감성을 무시하면 안 된다는 것이 내 생각이다.

그리고 내가 지금 이렇게 열심히 쓰고 있는 이 책은 내가 살아온 이야기를 담은 첫 번째 자전적 칼럼집이다. 하나님의 인도로 사업가에서 목회자, 교수를 거쳐 이제 교육가로 쓰임을 받는 과정을 담으려고 한다.

2011년 대한신학대학원대학교 총장 재임 당시 나는 신학대 총장들로 구성된 한국복음주의신학대학협의회 부회장이었다. 내가 이제 총장직을 끝냄에 따라 이 모임에서 자동으로 탈퇴가 되는 것이어서 당시 회장이셨던 최성규 목사님이 부산에서 송별회를 해주셨다. 4년여 동안 몸담으며 함께 교제했던 여러 선배님들을 통해 많은 것을 배울 수 있었던 시간이었다.

이런 인연으로 최성규 목사님이 총장으로 계시는 성산효대학원대학교의 부총장으로 초빙을 받아 1년여 일하는 기회를 얻기도 했다.

성산효대학은 세계 최초로 효(孝)학문을 가르치는 대학교로 1996년 설립됐다. 2006년 세계 최초로 효학 박사를 배출했으며 한국의 효사상이 세계적 중심 가치로 발전해 나갈 수 있도록 하자는 취지로 문을 열었다.

이 대학 설립자인 최성규 총장은 항상 "하나님을 아버지로 부른 자녀의 삶에 있어 효보다 더 귀한 가치는 없다"고 강조했다. 또 효신학회와 효와 관련된 다양한 단체를 설립, 효운동이 우리의 삶에 정착되도록 지원을 아끼지 않았다. 한국의 효를 세계화해 인간의 진정한 가치로 학문화시켜 놓으신 분이 바로 최성규 목사님이시다.

비록 1년여 이 대학에서 근무했지만 매우 보람 있었던 기간이었다. 학교의 재정확충을 위해 운영의 다변화를 시도했고 행정과 조직을 더욱더 쇄신하려고 나름대로 노력했다. 효학과 신학의 세계화를 위해서도 힘을 쏟았다.

당시 42년의 역사를 가지고 있는 ATA(Asia Theological Association)의 한국 부회장이었던 나는 효신학을 아시아 지역 전체로 보급하려 노력하기도 했었다.

이 밖에도 내가 대외적으로 일한 분야는 여러 곳이다. 한국 이스라엘 친선협회 이사로 활동했고 전국대학원대학교협의회를 설립하여 사무총장을 맡기도 했다. 전국대학원대학교협의회는 30여 개 대학의 협의체로 그동안 제 목소리를 내는 데 한계를 보여 왔었다. 이 단체를 나름대로 체계화하고 교육부에 필요한 요구와 행정편의에 대한 목소리를 낼 수 있도록 사무총장으로 열심히 뛴 것은 또 하나의 보람으로 기억된다.

내게 맡겨진 일에 최선을 다하고 인내하는 것, 이것은 내 삶의 좌우명으로 어떤 상황이나 순간에도 적용하려고 애를 썼다. 그리고 그 결과에 대해서는 순복하고 인정하려고 노력했다. 최선을 다한 것으로 이미 성공했다고 생각하기 때문이다. 내가 할 수 있는 최선 위에 하나님의 은혜와 복이 임한다면 그것은 완전한 작품이 된다. 이런 점에서 나의 사역은 아직 현재진행형이다. 더 열심히 더 은혜롭게 내게 맡겨진 사역을 이루어 나갈 것을 다짐해 본다.

3부

멘토들과의 만남이
나를 형성했다

나는 인생을 살아가면서 이렇게 좋은 분들을 많이 만나게 되는데, 이 만남을 어떻게
이어가느냐가 사람의 운명을 결정하게 되는 것 같다. 필요에 의해서 만들어지는 만남
이 있을 수 있지만 이런 관계는 반드시 오래가지 않고 일방적으로 끝나게 된다. 이용
가치가 없어지면 어느 한쪽에서 배반하기 때문이다. 하지만 이해관계가 아닌 존경과
사랑으로 맺어지면 그 어떤 관계보다도 끈끈하게 믿음과 신뢰로 이어지게 된다.

불굴의 도전정신을 일깨워준 은사 류태영 박사

> 나는 류 박사님을 통해 유대 석학들과 학생들 그리고 이스라엘의
> 정부관료들을 만날 수 있었고, 친분을 쌓아 가기 시작했다. 이 과
> 정에서 "두드리라 그리하면 열리리라"는 성경말씀을 실제로 체험
> 하면서 막연하게 있었던 두려움을 극복하고 배짱 두둑한 모습으
> 로 변화될 수 있었다.

류태영 박사님을 모르는 분이 있을까. 독실한 크리스천으로 하나님의 은혜를 간증하며 이스라엘 교육을 강의해 주시는 류 박사님은 워낙 국내에서 또 국제적으로도 유명하신 분이다. 그분이 쓴 교육 관련 베스트셀러를 읽거나 강의를 들어보지 않은 사람이 거의 없을 정도다.

류 박사님이야말로 내 인생의 첫 단추를 이스라엘로 끼워주셔서 이스라엘에서 내가 14년이나 살며 많은 것을 배우고 얻게 하신 분이다.

류 박사님과 나와의 관계를 쓰기에 앞서 잠시 박사님이 어떤 분인지 지면을 통해 독자들에게 소개해 드리고 싶다. 왜냐하면 류태영 박사님의 삶을 통해 또 다른 깨달음을 얻으실 것이라 여기기 때문이다.

전북 임실에서 더 들어간 산골 마을 청웅에서 태어난 류태영 박사의 가정은 얼마나 가난했는지 아버지는 남의 집 머슴이었고 자신도 남의 집 일을 했다고 했다.

그러나 어린 시절부터 어머니가 그에게 당부한 말씀은 "전능하신 하나님을 의지하라"는 것이었고 그도 늘 새벽기도회에 참석하며 믿음을 키웠다. 기도를 통해 하나님이 그의 미래를 인도하실 것이라는 확신을 갖게 되었다.

늦은 18살에 중학교를 졸업하고 무작정 상경, 구두닦이, 신문팔이, 아이스케이크 행상 등을 하며 야간 고등학교를 겨우 졸업했다. 너무나 가난했고 장래를 보장받을 수 없는 암담한 현실이었지만, 그는 구두닦이를 하면서도 유학의 꿈을 꾸었고, 농촌을 살리겠다는 꿈을 가지고 덴마크 유학을 위해 13년간 매일 새벽 기도를 했다. 그는 '바라봄의 법칙'에 따라 자신이 덴마크에 가 있는 모습을 그리면서 기도했고 덴마크 국왕 프레드릭 9세에게 유학청원 편지를 보내기에 이른다.

40일 만에 온 답장은 유학 허락과 더불어 왕복 비행기 표까지 동봉해 옴으로 기적적으로 덴마크 유학을 할 수 있었다. 그는 의지할 사람 하나 없는 그곳에서 전 세계를 순회하며 농촌을 비교연구하겠다는 당찬 꿈을 꾸게 되고 덴마크 정부 특별 예산 약 3만 달러를 지원받아 유럽을 여행하며 많은 공부를 하게 된다. 귀국 후 그는 청와대의 초청으로 우리나라에 새마을운동을 전개하는 계기를 만들었고 또 다시 이스라엘 유학의 꿈을 꾸고 그것을 실행에 옮겼다.

다시 이스라엘의 협동농장을 배우고 싶어서 이스라엘 대통령에게 편지를 보내 국비장학생으로 선발되었다. 1973년, 37세 류태영은 이스라엘 유학길에 올라 언어 때문에 고생해야 했다.

"이스라엘 사람들이 사용하는 문장이 500개이니 주일을 제외하고 매일 10마디씩 외우자"고 생각한 그가 3개월 만에 어렵기로 소문난 히브리어를 구사할 수 있게 된 일화는 유명하다.

8개월 만에 히브리대학교 대학원에 합격했고, 4년 반 만에 석사과정을 수석으로 졸업한 뒤 박사학위를 받았을 뿐 아니라, 동양인으로는 처음으로 벤구리온대학의 사회학 교수로 일하게 되는 기적적인 일을 이룩하게 되었다.

7년간의 이스라엘 생활을 청산하고 한국의 농촌을 살리겠다는 일념으로 귀국, 모교인 건국대학교 교수로 재직하게 되었다. 류 박사는 "자신에게 일어난 모든 기적 같은 일들은 자기가 천재여서가 아니고 철저히 하나님의 능력에만 의지한 탓"이라고 고백한다.

도산아카데미연구원 원장, 대산농촌문화재단 이사장, 한국이스라엘 친선협회장 등을 역임하며 다양한 사회활동을 해온 류 박사는 자신의 경험을 바탕으로 간증과 강연을 해 많은 사람들에게 도전과 희망, 열정을 안겨주고 있다.

내가 류 박사님을 처음 만난 곳은 당연히 모교 건국대학교에서였다. 류 박사님을 만나기 위해 법과대학생인 나는 농과대학 농업교육학과에 개설된 류 박사님의 사회학개론을 수강신청하여 만나게 되었다. 이후 박사님은 내게 가장 큰 영향력을 끼치게 되는데, 한마디로 그분의 불도저 같은 정신 '불가능은 없다'를 배우게 된 것이 내겐 가장 큰 수확이 아니었나 싶다. 사람들은 내게 뭐든 겁 없이 도전한다고 하는데 나는 이 도전과 성공의 법칙을 박사님으로부터 전수받았다고 생각한다. 내가 만난 많은 분 가운데 가장 긍정적인 분이시고, 온갖 고난과 역경을 이겨 낸 분이시기에 그분 앞에서는 저절로 고개가 숙어지곤 한다.

류 박사님을 통해 나는 이스라엘을 만나고, 키부츠를 알게 되었으며, 유대인 세계에 눈 뜨게 되었으니 오늘의 나를 만든 분이라 해도 과언이 아니다.

박사님은 처음엔 키부츠에서 일하던 나를 히브리대학교의 교무처장과 이스라엘 외무부 국제협력국장을 만나도록 주선해 주셨다. 그 결과 히브리대학교 대학원 장학생으로 입학할 수 있는 길을 만들어 주셨다.

나는 류 박사님을 통해 유대 석학들과 학생들 그리고 이스라엘의 정부관료들을 만날 수 있었고, 친분을 쌓아 가기 시작했다. 이 과정에서 "두드리라 그리하면 열리리라"는 성경말씀을 실제로 체험하면서 막연하게 있었던 두려움을 극복하고 배짱 두둑한 모습으로 변화될 수 있었다.

어떤 고난이 닥치더라도 이기지 못할 고난은 없고, 이루어지지 않는 일들은 게을러서 해결하지 못한다는 자신감을 가진 해결사로 서서히 변화된 것이다. 그야말로 "안 되면 되게 하라"를 가르친 위대한 멘토를 만나 오늘의 내가 있게 되

오른쪽부터 류태영 교수, 허억, 정효제. 류 교수님이 제자들과 이스라엘을 방문하셔서 함께 만났다.

었다고 생각한다.

지금도 기억나는 것은 히브리대학교 언어과정에 입학할 즈음이었다. 류 박사님이 나의 아내와 한국에서 태어난 딸과 함께 이스라엘에 오셨다. 첫딸을 안아보는 기쁨이란 이루 말로 표현할 수조차 없었다. 유학생활 중에 만난 박사님은 마치 인자한 아버지와 같았다. 외국 생활과 공부에 대해서 자상하게 안내해 주시고 인생선배로서 방향제시를 해주셨다. 히브리대학 법과대학원에서 범죄학(Criminology)을 공부할 수 있도록 인도해 주셨던 기억이 생생하다.

이때 대학원에서 공부해 박사 학위까지 5년 정도면 마칠 수 있을 것으로 생각하고 시작했지만, 류 박사님과의 만남을 통해 이루어진 이스라엘에서의 공부는 이후 무려 14년이나 이어졌다.

나는 지금도 새로운 변화가 있을 때마다 스승인 류 박사님을 뵙고 말씀을 듣는다. 내 인생의 조력자이시고, 멘토로서 주변에 늘 모실 수 있어 얼마나 감사한지 모른다. 지금도 CCIS를 위해서 이사로 수고해 주시고 늘 기도해 주신다.

내가 새로운 일을 시작할 때마다 언제나 찾아와 격려해 주시는 류 박사님을 스승으로 모시는 나는 참 행복한 사람이다.

어려운 고비마다 도와주신
박동순 전 이스라엘 대사

> 박 대사님과의 만남을 통해 배운 것이 있다. 사람을 만날 때, 이
> 사람이 하나님께서 나에게 보내 주신 분으로 생각하면 틀림이 없
> 다는 사실이다.

1993년 크리스마스 즈음이었다.

서울 안국동 1번지. 유명한 고 윤보선 전 대통령 자택에 만찬 자리가 마련됐다. 이스라엘에서 내가 윤 대통령의 부인인 공덕귀 여사를 뵌 적이 있었다. 이 인연으로 내가 잠시 귀국했다고 하니 고풍스러운 한옥으로 직접 초청해 주신 것이었다. 더구나 아내가 윤 대통령의 며느리와 친구 사이라 더더욱 분위기가 자연스러웠다. 이 때 공 여사가 이 자리에 함께 초대된 분을 내게 소개시켜 주셨다.

"이번에 초대 이스라엘 대사로 부임하실 박동순 대사이십니다."

얼굴을 뵈니 이스라엘 대사 발령 전 이집트 대사로 계실 때 뵌 적이 있었다.

"오랜만입니다, 박 대사님. 카이로에서 뵌 적이 있죠."

나 역시 반갑게 인사를 했다. 박 대사가 이집트의 대사로 근무할 때 나는 이스

라엘 교민회장으로서 몇 번 만났기에 구면이었다.

1993년 말 한국은 이스라엘로 수교 31년 만에 주재국 대사를 파견했다. 그리고 초대 이스라엘 대사로 발령받은 박 대사를 바로 이 연말모임에서 만난 것이다. 한 번은 카이로에서 한 번은 이스라엘에서 만났는데 이제 세 번째 만남이 한국에서 이뤄진 것이다.

이처럼 나와 박 대사님과의 만남은 좀 특별했다. 그 이후 지금까지 참으로 귀하고 좋은 인연으로 각별하게 지내오고 있다. 대사님은 나보다 무려 19살이나 많은 인생 대선배이시지만 마치 친동생처럼 살갑게 대해 주신다.

1994년 새해가 되고 박 대사님이 이스라엘로 부임해 오셨다. 당시 한인회장을 맡고 있던 나는 대사관이 마련된 것을 축하하면서 함께 환영파티를 열었다. 아직 이스라엘 정부로부터 승인을 받는 과정인 아그레망이 제시되기 전이어서 대사로서의 공식활동은 하지 않는 상태였다.

그 무렵 지금은 고인이 됐지만 이츠학 라빈 이스라엘 수상이 텔아비브에 있는 그의 개인 집에서 개최한 파티에 내가 초대되었다. 나는 박 대사님과 함께 가겠다고 미리 연락하고 이날 라빈 수상에게 대사님을 직접 소개해 드리기도 했다. 비공식적으로 대사가 수상을 먼저 만난 셈이 되었다.

이런 인연을 시작으로 대사님과 나는 뭐든 호흡이 잘 맞았다. 문학과 예술을 사랑하시고 감성이 풍부한 박 대사님은 크리스천으로서 예루살렘을 매우 사랑하셨다. 텔아비브에 관저가 있었지만 내외분은 절기 때마다 예루살렘을 찾으셨고, 성벽 주변을 산책하고 조깅을 즐기셨다.

당시 대한민국 대사관저는 텔아비브의 북쪽 해안도시 헤르츨리야 피투아에 있었다. 나 역시 이곳 대사관저를 자주 찾아 많은 대화를 나누곤 했다. 단순히 교민회를 대표하는 한인회장과 주재국 대사와의 만남이 아니라 마치 한 가족 같은 만남이었다고 생각한다.

　아그레망이 이스라엘 대통령에게 제출된 그날, 대사님 내외분은 우리 부부의 셋째 딸이 태어난 병원으로 방문해 주셨다. 그리고 이후 만날 때마다 그 아이가 몇 살이냐고 묻곤 자신이 이스라엘에 간 지 벌써 몇 년째인지 확인하고 감회에 젖으신다.

　이제 20년의 세월이 흘러서 셋째 아이가 대학에 진학했는데도 두 분께는 셋째 가 아직 아기의 모습으로 남아 있는 것 같다.

　필리핀 대사를 마지막으로 공직에서 은퇴하신 후에도 나와 대사님과의 만남 은 계속 이어졌다. 나는 오랜 기간 대사님을 옆에서 지켜보고 교제하면서 정말 배우고 도전받아야 할 부분이 참 많은 것을 깨닫곤 한다.

　먼저 그분의 학문적 열정에 탄복하게 된다. 한시도 가만히 쉬시지 않는다. 먼

제4대 대한신학대학원대학교 총장 취임식에서의 박동순 이사장과 정효제 총장

저 렘베 나흐만의 책『빈 의자』를 번역하여 역서로 남기셨고 이어 헨리 나우웬의 『영혼의 양식』과 토마스 아 켐피스의『그리스도를 본받아』를 라틴어에서 직역하는 열정을 보이셨다. 이『그리스도를 본받아』는 라틴어 직역이 국내에서는 처음이었다. 그분이 영어와 라틴어에 해박하시기에 가능한 일이었다.

지금도 오늘날의 어투와 느낌에 맞게 세계 최고의 베스트셀러 '성경'을 새롭게 번역하고 계신다. 이를 조선일보사에서 대문짝만하게 인터뷰한 것을 본 적이 있다. 이처럼 박 대사님의 끊임없는 열심과 열정적인 작업 모습을 보고 배우는 점이 많다. 교회 장로로서 오직 사명감으로 하시는 이 사역들이 많은 후세 크리스천들에게 귀감으로 남을 것이란 생각을 해 본다.

박 대사님과의 만남은 내가 대한신학대학원대학교의 총장이 되어 일하는 당시에도 큰 도움이 되었다. 학교가 설립 당시부터의 파행으로 말미암아 후임 이사들을 선임하지 못해 이사회가 존재하지 않는 이상한 모습이 되었을 때였다.

당시 교육부는 학교에 임시이사(관선이사)를 파송하였고 이때 임시이사로 선임된 박 대사님이 자연스레 이사장으로 피선되셨다. 그리고 그 이사회에서 나를 총장서리로 임명, 테스트를 거친 후에 총장이 되도록 일을 처리하셨다.

이런 원만한 관계가 성립됐기에 이사회와 총장이 협력해 학교를 최단시간에 정상화되도록 발전시켜 나갈 수 있었던 것이다. 이런 우호적인 관계가 아니었으면 학교 발전이나 정상화가 더뎌졌을 것이 뻔하다. 만약 예전에 나와 박 대사님과의 관계가 대사와 교민회장으로만 끝나버렸다면, 오늘과 같은 연결은 없었을 것이다.

박 대사님과의 만남을 통해 배운 것이 있다. 사람을 만날 때, 이 사람이 하나님께서 나에게 보내 주신 분으로 생각하면 틀림이 없다는 사실이다. 보통 만남에서 상대에게 무언가를 베풀어야 할 경우가 많다. 그럴 때 나는 하나님께 "내가 이 사람을 위해 무엇을 해야 합니까?"라는 질문을 하곤 한다. 또 그럴 필요가 없을 때에는 "이 분이 나에게 어떤 영향을 주실 수 있습니까?"라는 질문을 하곤 한다. 만남에 있어서 절대 의미 없는 만남은 없다는 것이 내 생각이다.

박 대사님은 "대사로 재직 중에 만난 교민을 지금도 만나고 있는 경우는 정효제 목사 당신 한 사람뿐"이라고 하신다. 곧 80을 바라보시는 노장이지만 여전히 건강하셔서 지금도 자주 뵙고 많은 도움을 받고 있다.

인생은 만남의 연속이다. 여러 가지 인연과 사연으로 사람을 만나고 연결하기도 한다. 만남이 상호 이해관계에 지나치게 얽히게 되면 결코 좋은 만남이 될 수 없다.

평상시 좋은 교제가 이루어져야 서로가 필요할 때 함께 할 수 있는 일이 많다.

업무적으로 곤란이나 위기에 처할 때, 또 인간관계에서 어려움이 있을 때 어떻게 대처하는지를 가르쳐 주신 박 대사님이야말로 내가 모시는 여러 멘토 중의 귀한 한 분이시다. 항상 건강하시며 계속 지도 편달해 주시기를 기대하고 있다.

삶의 지혜를 가르쳐 주신 김용준 전 헌법재판소장

> 자칫 곁길로 갈 수 있는 법의 함정이나 길목마다 조언하시고 인도
> 하여 주시는 일로 이어지게 된다. 이해관계로 엇갈리고 있는 사람
> 들을 만나서 어려움을 호소할 때마다 그들과 법적으로 다투고 싸
> 우지 않도록 하는 지혜도 빌려 주셨다.

1988년 예루살렘의 크리스마스는 이브부터 내리기 시작한 진눈깨비가 굵은 빗줄기로 변해 있는 가운데 환하게 밝아왔다.

한국에서 귀한 손님이 오셨다고 이스라엘 정부로부터 급하게 성지안내를 부탁받았다. 김용준 대법관이신데 이스라엘 대법원의 초청을 받아 오신 것이라고 했다. 나는 김용준 대법관과 김황식 수행법관(후일 국무총리가 되신다)을 모시고 성지 곳곳을 안내하며 여행을 시작했다. 일행이 단출하면 가족적인 분위기 속에서 화기애애하게 많은 대화를 나누며 재미있는 여행을 하게 된다.

그런데 갑작스레 아내로부터 연락이 왔다. 오늘내일하던 만삭의 아내가 둘째 딸을 낳는다는 소식이었다. 히브리대학 부속병원인 예루살렘 하닷사병원에 입원했다고 했다. 아내는 첫째 딸을 혼자 한국에서 낳고, 8개월 만에 이스라엘에

서 만났었는데, 둘째 출산에도 아빠가 이스라엘에 있는데도 함께 하지 못할까봐서 나는 일행에게 양해를 구하고 갈릴리에서 급히 예루살렘으로 돌아왔다. 하지만 김 대법관께서는 예루살렘의 병원을 방문하여 주셨고, 산모가 불편해 한다고 병실에 오시지는 않고 축하만 해 주셨다. 그리고 나는 김 대법관의 손을 잡고 십자가의 길(비아 돌로로사)을 함께 걸었다. 예수님이 십자가를 지고 걸으신 그 길을 따라 순례하며 김 대법관과 많은 이야기를 나누었다.

이 분은 소아마비를 앓으셔서 걷는 것이 불편하신 데다가 굵은 빗줄기가 소나기와 같이 쏟아지는 가운데 길바닥은 로마 시대부터 있어온 포장석이어서 돌이 반들반들하게 닳아 미끄럽기 짝이 없었다. 발은 미끄러지고, 마주 잡은 손도 미끄러워 자꾸 빠져나가기 일쑤였다. 우산을 받쳐 들었지만 속수무책으로 온몸이 비에 젖을 수밖에 없었다.

우리는 이렇게 며칠동안 함께 다니면서 급속히 가까워졌다. 당시 내가 히브리 대학 법과대학원에 재학 중이라 배우는 것도 많았다.

김용준 대법관님의 인생 이력을 보면 참으로 귀하고 놀랍다. 한 방송사에서 그를 다큐멘터리로 소개한 인터뷰 내용은 김 전 대법관이 어떤 분인지 한눈에 보여준다.

1960년 최연소 판사로 법조계 인생을 시작하여 40년간 한길을 걸어온 김용준. 겉으로 보기에 그는 소아마비로 한발을 저는 장애인이다. 그러나 지금까지 그가 이루어 놓은 일들을 보면 그 어느 것에서도 장애를 느낄 수 없다.

그의 이러한 성과 뒤에는 자신의 장애를 결코 부끄러워하지 않았던 김용준의 노력이 숨어 있었다. 인터뷰 도중 자신의 다리 상처를 주저 없이 내보여주기도 하고, 수영장에서 부끄럼 없이 벗은 몸으로 카메라 앞에 서는 모습은 보는 사람의 코끝을 찡하게 한다.

법이란 '물 흐르듯 막힘이 없어야 한다'는 소신처럼 그는 크고 작은 사건을 통해 우리 사회가 앞으로 지향해야 할 방향을 제시해 왔다. 미묘한 정치적 사건을 맡아, 비난과 여론에 흔들리지 않고 해결해온 김용준. 활발한 활동으로 다른 장애인들에게 그리고 청소년들에게 귀감이 되고 있는 그에게서 살아있는 '정의'를 느껴본다.

성공 비결 1 : 머리만 믿는 자는 머리가 될 수 없다. 단순강도에서 시작된 살인사건, 증거가 불충분해 진실과 거짓이 엇갈리는 가운데 용준이 항소심을 맡게 된다. 열 사람의 범인을 놓치는 한이 있어도 무고한 사람을 처벌해서는 안 된다는 원칙을 철저히 고수하는 용준. 결국 사형판결을 받았던 피고인들에게 무기징역을 선고하고….

장애아였지만 어머니와 친구들, 선생님의 도움으로 밝고 긍정적으로 자라난 용준. 중학교 입학을 거부당하는 좌절을 겪기도 했지만 선생님의 노력으로 중학교에 입학한 후, 6.25의 혼란 속에서 1년 반 만에 졸업한다. 고등학교 때 영화구경을 갔다가 무기정학을 당하게 된 용준은 검정고시를 거쳐 서울대 법대에 입학하게 된다. 그의 대학 시절 별명은 핏대. 자신의 의견을 거침없이 내보이곤 해서 갖게 된 별명이다. 전문직을 가지려고 시작했던 고시공부는 대학 3학년 때 최연소 합격으로 큰 성과를 거두고, 대학졸업 후 용준은 사법관 시보로 실무를 배워나가는데….

성공 비결 2 : 배나무 아래서는 갓을 고쳐 쓰지 않는다. 우연한 만남이 인연이 되어 결혼하게 된 아내에게 신혼 초, 용준은 법관의 아내로서 지켜야 할 6계명을 일러준다. 많은 규제가 따르는 성직자와도 같은 엄격한 생활. 더구나 신체장애라는 남과 다른 특징을 가지고 있기에 본인뿐만 아니라 가족들에게까지도 철저하게 이러한 생활을 하도록 했다. 그는 자기 일에 관한 한 절대로 오해받을 일은 하지 않는다. 청탁이라면 친척 어른은 물론 어머니의 부탁까지도 거절하는 냉담함을 보이는 용준. 그러나 일을 떠난 김용준 판사는 소탈하고 인간미 넘치는 사람이라는데….

성공 비결 3 : 法은 물(水) 가듯(去) 해야. 약관 20세의 나이에 판사생활을 시작한 김용준. 그는 재판관의 능력이 드러나는 판결문을 잘 써내기 위해 많은 노력을 한다. 한편 1963년 서울지 방법원 형사부 시절, 박정희 군부에 반기를 들었던 송요찬 장군을 구속적부심에서 석방하는 용기를 보인 용준. 자신이 옳다고 생각하는 일이라면 목숨을 걸고 판결을 내린다는 그의 신념이다.

꼼꼼한 자료검토는 물론 특별한 일이 없으면 현장답사를 꼭 하는 것도 그의 원칙. 불편한 몸을 이끌고 산을 넘다가 위험에 처하기도 하지만 이런 노력을 통해 얻은 합리적인 법 해석, 설득력 있는 판결문으로 그는 법조계의 주목을 받게 된다. 장애인이라 안 된다는 소리를 듣지 않기 위해 더욱 열심히 한 결과 1988년 마침내 법관의 꽃 대법관에 임명된다. 공직자 재산공개 파문이 있었지만, 아무런 문제가 없었기에 그는 다시 2대 헌법재판소장으로 임명된다. 생수 시판 허용, 과외 금지 위헌 등 굵직한 판결을 내리며 국민의 기본권을 앞장서 지켜온 김용준. 그는 앞으로 장애인과 불우청소년을 위해 남은 인생을 투자할 결심이다.

방송사가 김 전 대법관님의 인생과 삶을 일목요연하게 참 잘 정리했다는 생각이 들어 내용을 그대로 옮겨 보았다.

나는 김용준 대법관님과의 첫 만남을 계기로 인생선배로서 자주 찾아뵙고 귀한 말씀을 들으며 풍성한 삶의 지혜를 배우게 되었다. 아울러 사회생활의 참된 길을 조언받고 자문이 필요할 때마다 찾아뵈면 시원한 해법을 제시해 주시곤 했다.

사실 대법관으로 재직 중이실 때와 헌법재판소장을 하시는 동안에는 1년에 한두 번 정도를 만나 세계가 돌아가는 이야기와 여행에 관한 대화만 주로 나누었다. 혹시 폐가 될까 싶어서 한 번도 공관을 찾아간 적도 없었다.

그러나 퇴직하신 후에는 허물없이 여행을 함께 다니고 자주 만나 귀한 말씀을 듣는 기회를 자주 갖게 되었다.

하나님께서 김 전 대법관님과의 만남을 예비하신 이유가 있음을 훗날 알게 되어 참으로 놀랍고 또 감사하게 된다.

그것은 내가 대한신학대학원대학교의 총장이 되고 난 뒤 많은 도움과 조언을 얻을 수 있었기 때문이다. 내가 맡은 학교의 상황이 매우 어려워 법적으로 대응해야 하는 일이 산적해 있는 가운데, 그 복잡하게 꼬여 있던 일들을 법무법인에서 퇴근하신 후에 일목요연하게 정리해 주셨던 것이다.

자칫 곁길로 갈 수 있는 법의 함정이나 길목마다 조언하시고 인도하여 주시는 일로 이어지게 된다. 이해관계로 엇갈리고 있는 사람들을 만나서 어려움을 호소할 때마다 그들과 법적으로 다투고 싸우지 않도록 하는 지혜도 빌려 주셨다. 나를 고발하고 음해한 어느 누구도 내가 고소하거나 공격하는 일을 하지 않는 긴 인내를 가르쳐 주신 분이기도 하시다.

늘 아버지 같은 인자함으로 나를 대하실 때마다 마음속에는 감사함이 넘치곤

피라미드 앞에서 김용준 소장님과 함께

했다. 18대 총선에서 선거대책위원장을 맡으셨다가 대통령직 인수위원장을 거치고 국무총리로 내정되시는 모든 과정 중에도 나는 한 발짝 물러 서 있었다. 그 모든 일이 폭풍우 지나간 것 같이 끝나고 난 뒤에 제일 먼저 찾아가서 함께 기도한 것이 내가 가장 먼저 한 일이었다.

나는 인생을 살아가면서 이렇게 좋은 분들을 많이 만나게 되는데, 이 만남을 어떻게 이어가느냐가 사람의 운명을 결정하게 되는 것 같다. 필요에 의해서 만들어지는 만남이 있을 수 있지만 이런 관계는 반드시 오래가지 않고 일방적으로 끝나게 된다. 이용가치가 없어지면 어느 한쪽에서 배반하기 때문이다. 하지만 이해관계가 아닌 존경과 사랑으로 맺어지면 그 어떤 관계보다도 끈끈하게 믿음과 신뢰로 이어지게 된다.

나는 김용준 소장님과의 만남을 통해 이런 고차원적인 만남을 알게 되었음을 항상 감사한다. 남을 배려하고 겸양하는 만남의 기술을 익히게 되었기 때문이다.

돌이켜 보건대 현직에 계실 때에 내가 불편하게 해드린 적은 없으나 내가 정말 도움이 필요할 때 소장님이 진정한 힘이 되어 주었음을 확인하게 된다.

나는 요즘도 걸핏하면 김용준 소장님의 변호사 사무실이 있는 여의도로 달려가 점심을 함께 나눈다. 그리고 세상 돌아가는 이야기와 옛 성지순례 이야기도 곁들이며 즐거운 시간을 갖는다. 항상 건강하셔서 내 삶의 멘토로 오래오래 계셔 주시길 기도한다.

교수와 목회자의 길로 이끌어 주신
은석 김의환 박사와 기념사업회

목사가 될 목적으로 신학 공부를 하지 않았지만 목사가 될 수 있
도록 이끌어 주셨고, 교수가 될 계획이 없었음에도 교수를 할 수
있도록 하나님은 강권적으로 역사하셨다. 바로 이 중심에 김의환
박사님이 계셨다.

2003년 9월, 추석을 하루 앞둔 어느 날이었다.

나는 한 지인과 억수같이 내리는 비를 뚫고 경기도 용인 칼빈대학교를 찾았
다. 지인이 김 총장님을 뵈러 가는데 내가 운전을 해주며 따라나선 것이다. 물론
교계에서 유명한 김 총장님을 한번 뵙고 싶은 욕심도 있었다. 그런데 이날의 만
남이 내 인생에 엄청난 변화를 가져오게 될 줄 이때만 해도 까마득히 모르고 있
었다.

목사안수를 받은 지 얼마되지 않은 나를 처음 본 김 총장님이 내 이력을 미리
보셨는지 대뜸 내게 "정 목사님은 어떤 과목을 가르칠 수가 있겠어요?"라고 물
으셨다.

노학자의 눈이 안경 너머에서 날카롭게 반짝이고 있었다. 나는 예상치 못한

총장님의 질문을 받고 주춤거리다 대답을 하게 되었다.

"제가 가르칠 수 있다면 성지이야기일 것입니다. 이스라엘에서 오래 살면서 성지해설을 많이 했으니 성지에 관련해서는 가르칠 수 있습니다."

이렇게 나는 얼떨결에 칼빈대 시간강사가 되어 '성경배경과 지리' 라는 과목을 맡게 되었다. 이 일로 내 인생은 180도 바뀌게 된다.

당시 나는 교수가 되기 위한 준비가 안 되어 있는 상태였다. 이제 신학대학원을 졸업하고 강도사고시와 목사고시를 통과해 2002년에 목사 안수를 받고 난 직후였고, 영국 웨일즈 대학에서 구약학을 전공하고 있는 때였다. 따라서 교수 임용을 위한 자격요건인 박사학위를 소지하지 않은 상태였기에 기대도 하지 않고 있었다. 그런데 칼빈대학교의 강사가 되는 갑작스러운 변화가 일어난 것이다. 물론 교수는 안 되지만 강사를 할 수 있는 자격은 되었다.

내가 강사를 하다 이어 겸임교수가 된 것은 그 당시 서울 서초동에 내가 소장으로 있던 국제기독교성지연구소를 칼빈대학교로 옮겨왔기 때문이다. 외부연구기관이 학교와 연합하게 되는 결과로 연구실을 배정받는 겸임교수가 된 것이다.

나는 이 연구실에서 학생들을 지도하고 또 공부도 했다. 그 무렵 나는 영국에서 공부하고 있던 내용을 옮겨와 칼빈대학교 대학원에서 박사과정을 밟고 있었다.

이곳에서의 공부는 빠르게 진척되어 ITS(International theological seminary)에서 목회학 박사(D.Min) 학위를 받았고, 이어서 칼빈대학교에서 철학 박사(Ph.D)과정을 마치고 논문을 제출하게 됐다.

내가 쓴 목회학 박사 논문은 '교회와 회당과의 관계' 에 관한 내용이었다. 그리고 철학 박사 내용은 '회당의 기원' 에 관한 것을 다뤘다.

논문 지도교수가 되어 주셨던 김의환 총장님은 공부하는 기간을 단축하기를 바라셨지만 학교의 분위기는 그것이 아니어서 결국 모든 과정을 다 마치고, 논문을 제출하는 시기까지 꼬박 4년이 걸렸다.

아마 이때가 내가 가장 공부를 열심히 했던 때가 아니었나 싶다. 공부만 하는 것이 아니라 가르치기 위해 강의안을 만드느라 밤을 새워가며 연구실을 지켰다.

물론 이 기간이 신학대학교의 운영을 보고 배울 수 있는 시기이기도 했다. 또 국제기독교성지연구소를 통해 교수들과 직원들, 학생들과 대학 내 설립된 칼빈교회 교인들에 이르기까지 성지연수를 인도할 수 있는 기회를 여러 차례 가져 보람이 있었다.

이 때문에 많은 사람들과 인격적으로 깊이 사귈 수 있는 기회를 가졌다. 이 시기는 말 그대로 목회자로 교수로 준비되는 시기였고, 또 다른 사역을 위한 교육을 받은 훈련기간이기도 했다.

사실 이 시기가 없었다면, 이후의 사역은 방향성을 잃었을지도 모를 일이다. 그동안 사회경험을 통해 회사를 경영하는 일이나 사람들과 함께 일하는 리더십은 갖춘 상태였지만, 학교에서 일어나는 일들, 특히 학사경영과 인사관리의 문제, 각종 규정들은 잘 모르기 때문에 연구할 수 있는 기회가 주어졌던 셈이다.

목사가 될 목적으로 신학 공부를 하지 않았지만 목사가 될 수 있도록 이끌어 주셨고, 교수가 될 계획이 없었음에도 교수를 할 수 있도록 하나님은 강권적으로 역사하셨다. 바로 이 중심에 김의환 박사님이 계셨다.

목사가 될 계획이 없었던 것은 내가 자격이 되지 않음을 일찍부터 알았기 때문이었다면, 교수가 될 계획이 없었던 것은 이미 나이가 쉰을 바라보고 있었을 뿐더러 이렇다할 학문적 성취도 없었기 때문이다. 하지만 교실에서 만난 학생들은 환호하였고, 가르치는 과목마다 새로운 영역을 펼쳐나갈 수 있었다. 그동안 이스라엘과 중동 그리고 유럽에서의 경험이 그대로 강의실에 투영되었다.

칼빈대학에 있으며 소장을 맡고 있던 국제기독교성지연구소가 주관하는 성지순례를 몇 차례 실시했다. 방학을 이용해 독일과 스위스 등 종교개혁지를 방문하는 순례와 이스라엘과 요르단, 시리아 등을 방문하는 순례, 터키 순례 등을 만들어 여러 교수님을 모시고 일부 성도들과 함께 현장을 다녀왔다.

칼빈대학교에서 박사과정을 공부하던 2005년, 평소 친분을 깊이 나누던 목사님으로부터 홍천의 한 교회가 내분이 생겨 교회가 폐쇄되어 버렸다는 안타까운 이야기를 듣게 되었다. 그런데 이 교회를 맡아 담임 목사로 사역해 보면 어떻겠느냐는 이야기를 듣게 되었다.

당시 나는 칼빈대학교 내에 설립된 칼빈교회에서 교구총괄 목사를 하고 있었다. 담임은 김의환 총장이셨고 나도 나름대로 학교에서 또 교회에서 여러 가지 일을 많이 하고 있던 터라 따로 목회해 보겠다고 말하기가 사실 쉽지 않은 상황이었다. 나를 잘 보아 주셔서 강의도 맡기고 또 교회 목회도 돕도록 했는데 따로 목회를 하겠다고 말하는 것은 괘씸하게 여길 수 있는 상황이었다.

그해 겨울 일행들과 터키 성지순례를 가게 되었다. 이때 김의환 총장님을 모시고 온천으로 유명한 파묵칼레에서 하루를 지내며 휴식을 취했다.

이 성지순례를 통해 김의환 총장님은 그 박식한 성경지식을 여지없이 보여주셨다. 가는 곳마다 성경 구절을 인용해 즉석 설교와 우리가 함께 배워야 할 성경의 내용과 지역에 담긴 역사들을 일목요연하게 정리해 주셨다. CTS 기독교 텔레비전 PD와 카메라, 작가까지 동행한 바울사도의 선교지를 따라간 여행이어서 모든 일정을 TV 카메라에 담아 기록으로 남기는 중요한 여행이었다.

대화도 많이 나누었는데 이곳 파묵칼레에서 내가 원주의 비어있는 교회에서 주일 설교자로 초빙받은 것을 넌지시 말씀드리게 되었다. 나는 당연히 내가 현장에 가는 것을 반대하시고 좀 더 훈련받은 뒤 목회자로 나서라고 하실 줄 알았다.

그러나 김 총장님은 역시 그릇이 크신 분이셨다. 내가 예상했던 것과 전혀 다르게 말씀하셨던 것이다. 그 말씀이 10여 년이 지난 지금도 생생하게 내 머릿속에 각인되어 있다.

"정효제 목사님, 우리가 신학대학에서 학생들을 잘 가르쳐야 하는 이유가 뭐라고 생각하세요. 그것은 교회설립을 잘할 수 있도록 돕는 것입니다. 또 훌륭한 목회자를 양성하는 것입니다. 교회를 세울 기회가 있으면 신학대학 교수들도 뛰어들어 사역에 동참해야 한다고 생각합니다. 칼빈교회 사역은 얼마든지 다른 분이 해도 되니 강원도에 내려가 주일 목회를 하세요. 전 대찬성입니다."

김 총장님의 말씀에 힘과 용기를 얻은 나는 이듬해 2월에 현장에 내려가 보고 갈릴리교회란 간판을 걸고 목회를 시작하게 되었다. 물론 주중에는 신학교에서 학생을 가르치고 수요일과 주일만 내려가 강단을 지켰지만 내겐 개척교회를 시작한 첫 경험이자 하나님의 종으로 부름 받아 사역하는 시작이었기에 특별한 의미가 가득했다.

결국 나는 김의환 총장님과의 만남을 통해 신학대학 강단에 서고 또 목회도 용기를 얻어 시작하는 두 관문을 모두 열게 된 셈이다. 그래서 총장님에 대한 나의 감사함은 아주 특별하다.

이후 김 총장님이 불시에 하나님의 부르심을 받아 참으로 애절하고 안타깝기 그지없다. 그러나 내 가슴 속에는 영원한 스승으로 또 수많은 가르침을 통해 목회자와 신학자로서의 표상을 제시해 준 분으로 계속 살아 있다.

김의환 총장님을 은사로 모시면서 이틀이 멀다 하고 연락하던 상황에서 찾아온 갑작스러운 소천 소식은 내게 엄청난 충격을 주었다.

2010년 4월 19일로 기억한다. 김 총장님은 그날 내가 총장으로 재임하던 대한신학대학원대학교에서 강의를 마치시고 총장실에서 함께 점심을 나누었다. 이

날 이런저런 대화를 나눈 것이 총장님과의 마지막이 되고 말았다.

뵌 지 3일 후인 4월 22일에 안부 차 전화 드렸더니 힘없는 목소리로 "내가 많이 아파"라는 말씀만 남기셨다. 그런데 갑자기 혼수상태에 들어가셨고 20여 일이 지난 5월 10일, 하나님의 부르심을 받으셨다. 너무나 갑작스러운 일이라 현실로 잘 받아들여지지 않았다. 의료사고로 돌아가신 셈이니 유족들의 슬픔은 더욱더 컸다.

나는 입원 중에 여러 번 병원엔 들렀지만 마지막은 지키지 못했다. 병원에서 소천하셨다는 말씀을 듣는 즉시 달려갔을 때는 아직 몸에 온기가 남아 있는 듯했다. 손을 잡아 드리니 금방 "정 총장"하고 부르시며 일어나실 것만 같았다.

사모님과 의논해 서울 신촌 세브란스 장례식장에 빈소를 마련하고 장례절차를 상의했다. 총신대학교와 칼빈대학교의 총장을 하셨고, 현재 대한신학대학원대학교의 석좌교수이시니 이 세 신학교의 학교장으로 치를 수 있도록 상의해 승낙을 받았다.

세브란스 병원에서의 발인예배는 대한신학대학원대학교 자격으로 내가 집례했고, 총신대학교에서는 발인예배, 장지에서의 입관예배는 칼빈대학교가 각각 주관하기로 했다. 큰 아드님이 미국에 계셔서 오는 동안 장례의 모든 절차를 내가 결정하고 빈소를 지키고 손님접대를 직접 할 수밖에 없었다.

영정을 바라보니 그분이 살아오신 77년간의 생애가 마치 영화처럼 펼쳐졌다.

한국 복음주의 신학자의 좌장격으로 기억되는 김의환 총장님은 미국 칼빈신학대와 웨스트민스터신학대학원을 거쳐 템플대에서 철학박사학위를 받으셨다.

그리고 1976년부터 1995년까지 미국 LA한인교회에서 담임목사를 지내며 교회를 크게 키우셨다. 1995년 한국으로 건너와 1999년까지 총신대 총장, 2002년부터 2007년까지 칼빈대 총장을 맡으셨다. 저서는 무수히 많지만 『도전받는 보수신학』, 『개혁주의 신앙고백집』, 『복음과 역사』, 『복음주의 선교신학의 동향』, 『현대신학해설』 등이 대표적이다. 그분의 학문적 업적과 목회적 열매는 일일이 열거하기 힘들 정도로 한국교회에 큰 족적을 남기셨다.

깊은 슬픔 속에 장례를 치르고 나니 허전하기 이루 말할 수 없었다. 그분이 그동안 이루신 사역들을 잘 계승하고 후배들이 이를 보고 기억할 수 있어야 한다는 생각이 들었다. 그래서 김원순 사모님과 상의하고, 김 총장님의 절친한 친구 서기행 목사님의 도움을 받아 칼빈대학교의 윤익세, 황건영 교수 등과 의논해 총장님을 기념하는 사업회를 조직하기로 뜻을 모았다. 김 총장님의 생신인 11월 19일을 설립일로 하여 '은석 김의환 박사 기념사업회'가 탄생했다. 당시 대한예수교장로회 합동 측의 총회장인 김삼봉 목사님이 이사장을 맡고, 나는 사무총장을 맡아 실질적인 운영을 하기 시작했다. 처음엔 사실 장학회 성격으로 작게 운영하려고 시작하였으나, 진행되는 과정에서 좀 더 의미부여가 되면서 기념사업회가 됐다. 따라서 김 총장님을 기리는 일들도 함께 추진해 나가기로 범위가 커졌다.

2011년 5월 11일에는 1주기 추모예배를 총신대학교 채플에서 기념사업회 주관으로 드렸다. 평소 절친하셨던 서기행 목사님을 모셔서 설교를 들었으며, 김원순 사모님은 교수님들과 모든 학생들에게 식사를 대접했다.

그리고 학기마다 총신대학교, 칼빈대학교, 대한신학대학원대학교에서 각 한 명의 학생들에게 200만 원씩 '김의환 장학금'을 지원하기로 하고 1차 선정 학생들에게 전달식도 가졌다. 논문 공모를 통해 개혁신학을 이어가는 작업도 계속하고 있다.

나는 사무총장으로 총장님의 유지를 계속 발전시켜 나가고자 한다. 이를 위해 열심히 헌신할 각오를 다지고 있다. 그리고 이것이 나를 새로운 세계로 이끄시

2014년 9월 17일 칼빈대학교에서 은석 김의환 박사 장학금 전달 예배를 마치고

고 지도해 주신 은사에 대한 진정한 감사라고 생각한다.

사실 주변에서 이렇게 말하는 것을 들었다. "김의환 총장과 정효제 목사가 좀 더 일찍 만났더라면 여러 가지 상황이 달라졌을 것"이라고 말이다. 이 말은 두 사람이 그만큼 호흡이 잘 맞아 큰일을 더 많이 했을 것이라 덕담을 해 주시는 뜻으로 감사하게 생각한다. 하지만 총장님과 7년간의 만남과 교제, 또 갑작스러운 이별은 나에게 매우 많은 것을 생각하게 한다. 나로선 이 분이 아니셨으면, 신학교와 연결을 맺고 있지 않았을 것이다. 그리고 신학대학의 총장도 하지 못했을 것이고, 내가 목사로서 선명하게 자리 잡지 못했을 수 있었을 것이다. 물론 인간적으로 냉철하고 분명하셔서 남들보다 날 더 봐주거나 특별히 도와주신 부분은 없으셨다. 이 때문에 다소 서운할 때도 있었지만 내겐 정말 고마운 스승이시라는 데는 조금도 이의를 달지 않는다.

이처럼 나와 김의환 총장님과의 만남은 내가 무엇을 바라지 않은 만남이었기에 더욱 빛이 났다고 생각한다. 주변의 지도자나 어른을 모실 때, 무엇을 기대하고 거래하는 마음으로 하게 되면 그 정성이 상황에 따라 시들해질 수 있다. 그분을 진정으로 존경하고 사랑하는 마음으로 모시게 되면 그 어떤 경우라도 아름답게 마무리를 지을 수 있다. 사실 김의환 총장님이 원치 않게 총장 자리에서 내려오시고, 사람들로 인해 어려움을 당하시게 되니 평소 그분 주변에 계시던 사람들이 돌아서고, 남는 사람이 몇 없었다. 이런 현실에 당신은 매우 안타깝고 속상해하셨지만 결국 세상사 이치가 다 그런 것으로 받아들이곤 하셨다.

스승과 제자의 만남은 영원해야 한다고 믿는다. 그 만남이 어떤 방향으로 진행될지 알지 못하는 상황에서의 만남은 더욱더 그럴 것이다. 김 총장님과의 만남은 내게 목회의 많은 변화와 다양한 사역의 전환을 가져오도록 했고 또 많은 추억을 남겨주셨기에 언제나 고마운 마음으로 가득하다. 올해 벌써 4주기를 앞두고 있다. 올해도 좀 더 의미 있는 예배를 드리고 부대행사도 준비하고 있다.

성지 하늘 문을 함께 연 이종희 전 KAL 사장

처음에는 회의적인 의견이 대한항공 내부에서도 매우 많았지만, 이종희 상무는 자리를 걸고 추진했고 나는 이를 승객수로 증명해 내기 위해서 프로모션에 총력을 기울였다. 두 사람이 배짱 있게 밀어붙인 것이다.

내가 1990년대 초반 갈릴리여행사를 세우고 한창 바쁘게 한국의 성지순례객들을 모실 때였다.

마침 카이로에서 미국여행자협회가 주관하는 총회(ASTA)가 열렸다. 이 총회가 열리기 전 이스라엘 관광협회를 대표하는 몇몇 회사들이 공동으로 아시아 태평양지역 공동 프로모션을 실시, 나 역시 이 행사에 참석했다. 그래서 5개국 순방을 막 마치고 귀국한 후라 피곤이 풀리지 않은 상태에서 총회가 열리는 카이로로 다시 날아갔다.

이 ASTA에서 한국대표로 참석한 대한항공 조중건 부회장을 처음 만났다. 당시 이집트 대통령이었던 호스니 무바라크를 만난 것보다 더 인상 깊었던 게 바로 대한항공 조 회장과의 만남이었다.

조중건(외국에서는 Charlie Cho로 불렀다) 부회장은 국제 비즈니스맨답게 판단이 매우 빠른 분이셨다. 나와 함께 돌아본 시내산 여행으로 며칠을 앓아누워 있었는데 조 부회장은 귀국하신 직후 직원들을 파견해 성지순례의 항공 길을 열도록 결정을 했다. 이 카이로 직항이 북한과의 관계로 인해 총영사급 수교국가에 머물러 있던 이집트를 대사급 수교국가로 승격시켜 놓는 획기적인 결정을 하게 만든 것으로 안다.

조 회장은 내게 직접 전화를 하셔서 대한항공 임원들을 보낼 테니 카이로까지 나와 이들을 확실히 교육시켜 보내 달라고 부탁하셨다.

당시만 해도 아랍의 오일달러 때문에 한국에서는 그들을 자극할 수 있는 이스

대한항공을 성공리에 카이로로 취항시키고 난 뒤에 대한항공으로부터 감사패를 받는 모습. 이종희 대한항공 총괄사장(당시는 서울여객지점장).

라엘 직항편은 누구도 생각하지 못했다. 그러나 아무런 상관이 없는 카이로로 취항하게 되면 성지순례객들이 출애굽하는 일정을 일으켜 세울 수 있는 기회가 된다고 판단한 것이다.

이때 카이로에 온 대한항공의 임원이 P전무와 당시 서울여객지점장을 맡고 있던 이종희 상무였다. 파리의 구주 본부와 서울 본부에서도 직원들이 함께해 모두 만나게 되었다.

첫날 저녁, 카이로 한국 총영사 관저에 모여 앉은 우리는 여러 가지를 논의했다. 정부 차원에서 강력하게 대사급 수교를 원하고 있는 데다 대한항공의 카이로 취항은 확실하게 도움이 된다는 의견이었다.

결국 이 모임이 시발점이 되어서 대한민국은 이집트와 대사급 수교국가가 되는 쾌거를 이루게 된다. 여기에다 대한항공은 카이로로 직항편을 취항하게 된다.

처음에는 회의적인 의견이 대한항공 내부에서도 매우 많았지만, 이종희 상무는 자리를 걸고 추진했고 나는 이를 승객수로 증명해 내기 위해서 프로모션에 총력을 기울였다. 두 사람이 배짱 있게 밀어붙인 것이다.

비행기 좌석은 대한항공이 공급하고 호텔과 차량 등의 지상 서비스는 내가 운영하던 갈릴리여행사가 감당했다. 여러 교회의 목회자들과 신부들을 대거 초청해 팸 투어를 진행했다. 갈릴리여행사는 이를 계기로 개신교뿐만 아니라 가톨릭 성지순례 수요까지 이끌어 내는 견인차 구실을 했다.

처음엔 주 한 편이었다가 주 세 편으로 수요를 확장했고, 대성공을 거둔 노선이 되었다. 그리고 몇 년 뒤에는 텔아비브까지 취항하게 되면서 성지순례를 위한 하늘 교통편이 완비되어 갔다.

이때 나와 호흡을 맞추며 함께 작업했던 이종희 상무는 나에게 감사패를 만들어 주면서까지 격려를 아끼지 않았다.

공채 출신의 평사원으로 시작한 이종희 사장과의 만남은 그 후에도 계속되어 여객 사장을 거쳐 총괄사장을 역임하는 동안에도 여러 번 회동하여 공격적이고 최선을 다하는 마케팅을 상의했다.

특히 지중해 지역 여행사전문가로 평가받았던 내가 감각적으로 어떤 도시로 취항을 하면 수요가 어떻게 될 것이라는 감을 표시하면 이것이 거의 이종희 사장의 생각과 일치하곤 했다. 카이로 노선의 성공 이후에 신뢰가 쌓이게 되었고, 그 신뢰는 사업으로 계속 이어졌다.

이런 일도 있었다. 유럽에서 가장 아름다운 도시 프라하로 대한항공이 취항하기로 했다. 하지만 취항 몇 개월 후, 겨울이 다가왔다. 영업 일선에서는 관광객이 없는 겨울 동안에는 쉬었다가 내년 봄에 다시 취항할 것이 건의되었다.

이 결정은 거의 분위기가 그렇게 무르익어 가고 있었다. 그즈음에 이미 목사가 된 후 칼빈대 교수로 일하고 있던 나는 이종희 총괄사장을 만났을 때 그로부터 이 고민을 함께 나누게 되었다.

그 자리에서 내가 제안한 것이 바로 종교개혁지 순례였다. 프라하가 동독지역과 가깝고, 루터의 종교개혁지가 바로 동독지역에 있기 때문에 다녀온 기독교인이 많지 않다는 점에 착안, 프로그램을 제시한 것이다.

종교개혁 이전에 프라하의 개혁을 통해 퍼져 나간 유럽의 종교개혁 프로그램을 만들어 보기로 했다. 브로셔를 대한항공이 직접 제작하고 시판에 돌입했다.

결과는 대성공이었다. 겨울을 나지 못할 것이라던 이 노선은 지금 자리가 없어서 판매하지 못할 만큼 황금노선이 되었다. 그리고 한국교회에서도 종교개혁의 참 의미를 다져 볼 수 있는 기회가 주어져 보람도 컸다.

또 이스탄불 취항이 다른 항공사에 선점되어 신경을 쓰고 있을 때, 터키정부가 복수항공 취항을 허용하도록 하는 물밑 작업을 함께하고 결국은 성사시켜, 대한항공 이스탄불 취항 축하행사에 내가 VIP로 참석하게 되는 영광도 누렸다.

이 일을 통해 터키항공의 책임자들과 정계, 재계 인물들을 많이 만났다. 이 결실로 오늘날 양국관계도 원활하게 진행되고 있는 것 같아 항상 감사하는 마음이 솟아 나온다. 결국 나와 이종희 사장의 만남으로 빚어진 신뢰 관계가 이 모든 일을 해낼 수 있는 원동력이 되었다고 여겨진다.

이 신뢰관계는 내가 설립해 운영해 오던 국제기독교성지연구소로까지 이어져 지금은 대한항공 이종희 전 부회장이 이사장으로, 내가 소장으로 섬기면서 성지연구와 복음전파를 위해 함께 노력하고 있다.

요즘도 가끔 이종희 전 부회장님을 만나 하늘길을 함께 열며 신나게 일했던 옛이야기를 나누며 흐뭇한 추억의 시간을 가진다.

갈렙바이블아카데미와 강덕영 장로

나는 강 이사장과 오랫동안 교제하면서 항상 강조하시는 '청지기 의식'에 감명받곤 한다. '청지기'는 원래 잡일을 보거나 시중을 들던 사람을 말하는 것으로 기독교에선 주인의 재산을 잘 관리하면서 집안을 다스리는 집사를 의미한다.

2012년 4월 5일 저녁 7시. 서울 역삼동 유나이티드문화재단 홀에서 갈렙바이블아카데미(CBA) 첫 강좌가 시작됐다.

유나이티드문화재단은 한국유나이티드제약(대표 강덕영)이 지난 2008년 예술문화사업, 글로벌인재육성사업, 사회공헌사업을 위해 설립된 비영리 단체다.

유나이티드문화재단은 그동안 자체 아트홀과 갤러리를 통해 수준 높은 클래식 공연과 다양한 우수 작품전을 개최해 왔다. 또 중국 하얼빈 '유나이티드소녀 방송합창단' 등을 설립, 매년 지원해 오고 있다.

특히 오케스트라가 참여하는 수준 있고 친근한 클래식 공연을 '예술의 전당'에서 수시로 개최해 기업이미지를 높이는 것은 물론 문화발전에도 기여해 왔다.

갈렙바이블아카데미는 유나이티드문화재단 이사장인 강덕영 장로가 평신도들도 바른 신앙관을 갖고 깊이 있는 신앙생활을 해야 한다는 의지로 설립한 신학교육 프로그램이다. 즉 복음주의 신학교육을 통해 바른 신앙과 신학 지식을 갖춘 크리스천을 양성하자는 취지인 것이다.

그런데 이 갈렙바이블아카데미가 설립되고 초대 원장을 내가 맡게 되었다. 이 무렵 내가 신학교 총장 임기를 끝낸 시기라 시간적으로 여유가 되었고 또 평소 강 이사장님과 신학적 견해도 맞았기 때문이다.

강 이사장과 내가 처음 만나게 된 것도 성지순례를 통해서였다. 국제기독교성지연구소에서 짠 성지순례 프로그램에 바쁜 시간을 쪼개 참여한 강 이사장은 성지 곳곳을 다니며 자연스레 나와 많은 대화를 나누게 되었다.

그런데 정작 내가 놀란 것은 큰 기업을 운영하는 사장으로 깜짝 놀랄 정도의 깊이 있는 성경지식을 갖고 계셨다는 점이다. 특히 구약의 내용과 연결된 고대 종교의 역사적 흐름과 성경적 배경, 성경의 사건 등에 아주 해박했다.

알고 보니 강 이사장은 교회를 다녀온 매 주일 오후 자택에서 성경을 깊이 있게 연구한 목사님을 초빙, 10여 년째 성경공부를 서너 시간씩 해온 것을 알게 되었다.

이를 계기로 이스라엘 외에 요르단과 시리아, 레바논을 비롯 유럽 종교개혁지 등 성지순례를 몇 차례 함께 가게 되었고 신앙 안에서 친밀한 관계가 되었다.

이런 가운데 내가 강 이사장에게 큰 도움을 받은 일도 있었다. 그것은 강 이사장이 2009년 내가 몸담았던 대한신학대학원대학교 관선 2기 이사장으로 선출되셨기 때문이다. 원래 관선 이사로 추천을 받으셨는데 이사회를 통해 이사장으로 선임되었다. 이후 3년 넘게 이사장으로 학교 발전을 위해 물심양면으로 많은 도움을 주셨다. 신학교 교육이 잘 되어야 한국교회가 희망이 있다면서 관심과 지원을 아끼지 않으셨다.

나는 CBA 원장을 맡으면서 국내 최고의 신학 석학들이 초빙돼 수준 높은 강의를 할 수 있도록 커리큘럼을 짜는데 최대한 신경을 썼다. CBA가 문을 연 2012년에 초청된 교수진을 보면 이 부분이 쉽게 이해가 될 것이다.

당시 강사를 소개하면 김광열(총신대학교), 김인환(전 총신대학교 총장), 나용화(개신대학원대학교 총장), 노영근(대한신학대학원대학교), 박형용(웨스트민스터대학원대학교 총장), 성주진(전 합동신학대학원대학교 총장), 손석태(전 개신대학원대학교 총장), 오광만(대한신학대학원대학교), 오덕교(전 합동신학대학원대학교 총장), 이한수(총신대학교), 조영엽(계약신학대학원대학교), 김상복(햇불트리니티신학대학원대학교 총장), 김의원(백석대학교 부총장), 이상규(고신대학교 부총장), 이정숙(햇불트리니티신학대학원대학교 부총장), 정상운(전 성결대

얍복강가에서 김무정, 김용준, 강덕영, 정효제(오른쪽부터)

학교 총장), 정일웅(전 총신대학교 총장), 정흥호(아세아연합신학대학) 교수 등이 교수진으로 초청됐고, 나도 매 학기 한 과목씩 가르쳤다.

강 이사장과 나는 CBA가 평신도들을 위한 체계적이고 전문적인 신학교육기관이 되도록 학생도 모집했고 또 좋은 강의가 이어지도록 최선을 다하고 있다.

신학을 진지하게 공부하길 원하는 분들이 많이 오셔서 은혜로운 강의가 계속 이어졌다. CBA는 평신도들에게 이 프로그램을 소개하며 "말씀 중심의 개혁신앙이 어느 때보다 절실한 이때 CBA는 복음주의 신학으로 잘 무장된 석학들의 강의를 통해 크리스천의 삶과 신앙을 보다 풍요롭게 해드리고자 한다"고 강조한다.

CBA는 한국교회가 많은 어려움을 겪고 있는 원인이 바른 신앙과 신학이 자리잡지 못한 것에 있다고 판단, 신학의 대중화를 모토로 태동했음을 상기시키고 개혁주의적 복음신학을 토대로 성경적 세계관을 정립해 나갈 것을 수시로 역설했다.

강 이사장은 개강예배 인사말에서 항상 이 이야기를 빠뜨리지 않았다.

"평신도들도 기본적인 신학교육을 받는 것이 좋다고 생각합니다. 요즘 이단들이 우후죽순처럼 생겨나 잘못하면 쉽게 빠져들기 때문입니다. 여러분이 CBA에서 배운 신학을 통해 바른 신본주의 신앙관이 정립되었으면 합니다."

CBA가 2014년인 올해로 3년째를 맞았다. 체계적인 신학 공부를 통해 신앙의 정체성을 회복하고 각자의 소명에 맞게 사회에 기여하는 사명자들을 배출하자는 것이 CBA의 역할임을 내세웠는데 그 사명을 어느 정도 완수한 것 같아 기쁘다. 그리고 CBA가 순수 복음을 전하는 교육기관으로 발전할 수 있도록 한국교회가 함께 기도하며 발전시켜 나가야 하리라 본다.

나는 강 이사장과 오랫동안 교제하면서 항상 강조하시는 '청지기 의식'에 감명받곤 한다. '청지기'는 원래 잡일을 보거나 시중을 들던 사람을 말하는 것으로 기독교에선 주인의 재산을 잘 관리하면서 집안을 다스리는 집사를 의미한다.

강 사장은 항상 우리 크리스천이 갖는 재산이 개인의 소유라는 생각을 버리고 청지기로서 소임을 다하는 것이 진정 가치 있는 삶이라고 생각한다고 했다. 그래서 우리 시대의 당당한 부자는 "자신이 가진 재물을 잠시 맡았다고 생각하고 좋은 일에 쓰려고 노력하는 사람"이라고 강조한다.

얼마 전에 뵈었을 때는 이런 말을 하셨다.

"이제 우리 한국도 미국처럼 기부문화가 자연스럽게 뿌리를 내리도록 의식과 생각이 서서히 바뀌어야 합니다. 물질뿐만 아니라 자신이 가진 능력이나 정신적 유산 등 모든 것을 사회에 환원할 수 있는 분위기가 됐으면 좋겠습니다."

강 이사장은 회사경영에서 얻은 이익은 반드시 사회에 환원한다는 원칙 아래 많은 봉사활동을 해왔다. 또 크리스천이자 교회 장로로서 선교와 봉사, 나눔에 관심을 두고 다양한 지원도 펼치고 있다. 이 CBA 역시 한국기독교 발전에 기여하는 귀한 헌신이 아닐 수 없다.

늘 부지런히 공부하고 사회적 기업의 본을 보여주시는 강덕영 이사장님과 한국유나이티드문화재단, 제약회사까지 나날이 발전해 하나님께 영광이 되길 기대한다. 그리고 3년째 함께 하고 있는 갈렙바이블아카데미를 통해 한국교회와 성도들이 조금이나마 갱신, 개혁되는 데 일조하길 기도한다.

목회자의 모델이 되어 주신 이동원 목사

> 이동원 목사님을 모시고 80여 명이 함께 떠난 지구촌교회 성지순
> 례는 그야말로 감동의 도가니였다. 시내산에서의 새벽예배와 요
> 르단 와디 람에서의 사파리, 붉게 물든 사막에서의 일몰 예배는
> 아름답기 그지없었고, 시간도 절묘하게 맞춰져 환상 그 자체였다.

　실로 만남은 오묘한 것이다. 1997년 1월 1일부로 내가 한국네타핌 주식회사의 사장으로 발령이 나 귀국한다고 하니까, 한국에 나가면 교회는 어디로 가는지 보자고 여러 사람들이 말하였다.

　예루살렘 한인교회와 성지 한인교회를 합동시켜 놓고 양쪽 교회를 이끌어 왔던 사람들이 거의 동시에 이스라엘을 떠나게 되었다. 그동안 교회 문제로, 또 교인들 간의 문제로 늘 시달려 왔던 내가 이제 조용히 신앙생활을 해야지 하는 마음으로 교회의 뒷자리로 찾아 들어간 곳이 분당 정자동에서 한창 성장하고 있던 지구촌교회였다. 미국에서 귀국한 분들이 소개한 이 교회는 그야말로 매 주일 새 신자가 늘어나고, 새 생명, 새 가족, 새 공동체 반이라고 이름 붙은 기본 교육 과정을 누구도 예외 없이 통과해야만 했다. 우리 가족 모두도 예외가 아니어서

교육과정에 참석하게 되었는데, 이동형 집사님으로 말미암아 내가 지구촌교회에 다니고 있음이 드러나고 말았다. 그는 나를 교회에서 만나자 마자 형인 이동원 목사님에게로 데려갔다. 여행사를 하고 있던 집사님을 몇 번 성지에서 만난 일이 있기 때문에 기쁨과 감사함으로 이동원 목사님과 인사하게 되었다.

그 후 이동원 목사님을 모시고 80여 명이 함께 떠난 지구촌교회 성지순례는 그야말로 감동의 도가니였다. 대형 버스 두 대로 움직이니까, 이 목사님과 나는 매일 매일 차를 바꿔 타고 가면서 지역마다 성도들을 인도했다. 시내산에서의 새벽예배와 요르단 와디 람에서의 사파리, 붉게 물든 사막에서의 일몰 예배는 아름답기 그지없었고, 시간도 절묘하게 맞춰져 환상 그 자체였다. 그리고 예루살렘에 입성할 때에 맞춰진 감람산에서의 일몰! 이는 예루살렘에서 해가 지는 시간의 아름다움과 하루를 마감하는 의미를 아는 사람들만이 할 수 있는 일이었는데, 이 목사님께서 이 일정을 만드셨고, 나는 그야말로 현지에서 잘 준비된 안내자였다. 사막을 관통하고 출애굽하는 동안에 가졌던 이 목사님과의 깊은 교감은 존경으로 다가왔고, 지구촌 성도들과도 깊은 교제로 이어졌다.

성지순례에서 돌아온 뒤 지구촌교회의 교육과목에 성서지리가 추가되면서 내가 오랫동안 강의 하게 되었다. 어느 날은 이동원 목사님이 목회자 수백 명이 모인 자리에서 나를 일으켜 세워 "이 분이 세계에서 성지를 가장 잘 아시는 분"이라고 소개하셔서 모두가 웃은 적도 있을 정도로 사랑해 주셨다. 알고 보니 성지에서 이동 중에 일몰 시간이라든지 일출 시간을 맞추기가 정말 어려운데, 절묘하게 맞추었고 적절한 성지 소개를 해 주었다는 칭찬이셨다.

나중에 내가 "신학을 하겠습니다"라고 상의 드렸을 때는, 목회자의 길이 매우 힘들다며 걱정해 주셨다. 하지만 이 목사님 아래서 신앙생활 하는 중에 많은 감화를 받은 나는 성지에서 많은 목사님들로부터 권유 받았던 목회자의 길을 가고 있었다.

2002년 9월에 강도사고시를 합격하였다는 통보를 대신교단으로부터 받고, 이어서 서울노회에서 목사 안수를 위한 시험을 치르게 되었다. 목사가 되려면 청빙교회가 있어야 된다는 규칙이 있는데 그동안 전도사 생활을 했던 서부중앙교회에서는 부목사로 청빙을 할 수 있는 상황이 아니었다. 또 전임 목회를 할 수 있는 준비가 안 된 상태에서 교회의 부목사나 담임목사가 되기에는 시기상조였다.

그런데 그때, 이동원 목사님은 흔쾌히 지구촌교회의 협동 목사로 나를 불러 주셨다. 그렇게 이미 수지로 이전했던 지구촌교회 예배에 참석하는 목사로서의 삶이 다시 시작되었다. 그동안 지구촌교회를 떠나 있던 3년이 나에게는 매우 긴 시간이었다는 것을 새삼 느꼈고, 장로교 목사인 나를 침례교회인 지구촌교회의 목사로 불러준 그 포용력을 직접 배울 수 있었다.

지구촌교회에 있는 동안, 대신교단의 여러 교회에서 설교청탁이 있었던 관계로, 또 담임목사 청빙설(설은 설로 끝났지만)이 계속해서 나오는 중이어서 예배에 참석하지 못하는 경우가 발생했다. 결국은 지구촌교회의 협동 목사는 접어야했고, 이듬해에 칼빈대학교 강의를 시작하게 되면서 칼빈대학교회에서 김의환 총장님과 여러 교수 직원들이 함께 예배를 드리게 되었다.

2007년에 대한신학대학원대학교 총장이 되었을 때, 당시에 전국의 신학생들 사이에서 조사한 바로 가장 설교를 잘하는 목사님으로 뽑히신 이동원 목사님을 설교학 특강 강사로 모실 수 있었다. 이어서 매 학기 학생들에게 장학금을 주시고, 가끔 학교를 방문해서 격려해 주시기도 하셨다. 또한 대한신학교에 특별한 애정이 있으실 만큼 학교의 설립자이신 고 김치선 박사를 기억하고 그분의 신학도 존중하고 계신 것을 보면서 왜 내가 지구촌교회의 협동 목사가 될 수 있었는지를 알게 되었다. 대한민국의 국호를 가진 대한신학의 중요성을 깨우치게 해

주신 분도 바로 이동원 목사님이시다.

내가 가장 본받고 싶어 하는 목회자이시고, 설교자이시기에 지금도 나는 크로마교회의 교재들을 지구촌교회에서 가져다가 사용하는 경우가 종종 있다.

새벽기도가 맺어준 천생연분

> 스물아홉, 우리는 가정을 이루었고 그리고 이 결혼은 지금의 내가
> 있도록 만들어준 든든한 뿌리가 되었다. 아내는 성격이 순하고 포
> 용력이 강해 모든 상황을 잘 품는다. 그리고 내가 대형사고(?)를
> 칠만한 일이 아니라면 모두 남편의 뜻에 순종하고 따라와 주었다.

성공적이고 행복한 인생을 사는 여러 가지가 있지만 이 중에서도 나는 배우자를 잘 만나는 것이 아주 중요하다고 생각한다. 긴 인생항로에서 서로 의지하고 부족한 부분을 채워줄 수 있는 배우자야말로 삶과 신앙을 풍요롭게 만드는 원천이기 때문이다.

이런 점에서 나는 아내(이명희)에게 참 감사한다. 아내는 대학을 졸업한 상태에서 아직 대학생이던 나를 만나 결혼, 삶의 동반자가 되어 세 딸을 낳고 오늘날까지 함께 해 왔다.

성격도 급한 데다 경상도 남자의 무뚝뚝함도 갖고 있고, 사업할 때도 뭐든지 겁 없이 밀어붙여 아내에게 마음고생을 참 많이 시켰다. 사업을 할 때 언제나 내가 앞서 나가 사고를 치면 뒤처리는 언제나 아내 몫이었다. 아이들 교육은 더 말

할 것도 없다.

내가 아내를 처음 만난 것은 대학 시절 상도동에서 하숙할 때였다. 앞서 잠시 이야기를 했지만 나는 군대에 다녀온 뒤 아직 진로도 불투명한 상태에서 운동권 학생들과 함께 이리저리 옮겨다니며 생활하던 중에 상도동에서 하숙을 하게 되었다.

그런데 내가 있었던 하숙집 여주인이 교회에 열심히 출석하시는 집사님이셨다. 나중에 권사가 되셨지만 이 분은 자신이 출석하는 서소문 평안교회에 새벽마다 첫 버스를 타고 새벽기도회에 참석했다.

나도 어려서부터 교회를 다니기도 했고 늦은 나이에 학교를 다니려니 뭔가 하나님께 기도드리고픈 마음이 강하게 생겼다. 그래서 어느 때부터인가 하숙집 아주머니와 함께 평안교회 새벽기도회를 다니기 시작했다. 자연히 우리는 교회를 오가며 대화도 나누었고 이 과정에서 그 분은 나를 아주 건실한 청년으로 보아 주었다.

1970년대 당시만 해도 20대 중반이면 결혼을 생각할 때였다. 하루는 그 집사님이 내게 중매의사를 어렴풋이 비쳤다.

"학생, 내가 일을 돕는 집에 피아노를 전공한 외동딸이 있는데 아주 착하고 색싯감으로 손색이 없어. 어떻게 내가 중매 한번 서볼까?"

나는 깜짝 놀랐다. 말썽쟁이인 내가 독서실을 전전하다가 겨우 찾아 들어간 하숙집 주인이 아직도 대학생인 내게 중매를 한다는 것은 이해가 안 되었기 때문이다.

이 집사님은 사실 이북에서 피란 온 가정인데 남편이 이북5도 도지사도 맡는 등 잘 살다가 남편이 돌아가시는 바람에 형편이 어려워져 하숙도 치고 가까이 지내던 집안의 일도 보아 주다가 장모님과 잘 지내게 되면서 벌어진 일이다.

그런데 이 집사님이 아내의 집에서 일하다 딸 혼인 걱정하는 이야기를 듣고 덜컥 나를 소개한 것이다. 아주 신앙이 좋고 뭐든 열심히 하는 똑똑한 청년이라고 칭찬을 아끼지 않았다고 한다.

집사님이 아내의 가정과도 잘 알고 신뢰를 얻은 상태여서 그 집의 딸과 내가 첫 만남을 갖게 되었다. 나 역시 하숙집 주인의 요청에 떠밀리듯 나간 것이었고 아내도 워낙 자랑을 하니 얼굴이나 보자는 마음으로 나왔다고 한다. 지금은 사라진 것 같은데 당시 소공동 롯데호텔 1층에 있던 페닌슐라란 곳이 우리의 첫 만남 장소였다.

우리는 만남을 통해 서로 호감은 느꼈지만 현실적으론 맺어지기 힘든 상황이었다. 한쪽은 패기만 넘치는 가난한 대학생이었고 한쪽은 한양대학에서 피아노를 전공한 부잣집 외동딸이었다.

장인은 고위급 군인이었으나 우리 아버지는 공무원직에서 물러나 어렵게 지내고 있는 상태였다.

우리는 나이가 같았는데 당연히 양쪽 집안에서 모두 반대했다. 우리 집은 나이가 많다는 것과 내가 아직 학생이란 점에서 결혼은 이르다며 반대를 했다. 처가 쪽은 모든 면에서 내가 마음에 들 부분이 별로 없었을 것이 당연했다. 공부하는 학생이 무슨 결혼을 하느냐고 일축을 한 것이다.

우리는 근 3년간 줄다리기 연애를 하며 헤어짐과 만남을 반복했다. 사실 나는 음악적 소양이 뛰어난 사람들을 부러워했다. 내가 음악에 소질이 별로 없었기 때문이다. 집에 은은한 클래식 선율이 흐르고 악기 소리가 나는 것을 특별하게 여겼다.

내가 어렸을 때만 해도 주변에 가난한 이웃들이 참 많았다. 이들에게 음악은 사치였다. 돈이 많이 들었기 때문이다. 당시는 초등학교만 졸업하고 공장에 가서 밥벌이하는 또래 아이들이 많았기에 내가 중고등학교를 다니는 것만도 감사해야 하는 상황이었다. 이렇게 메마른 삶을 살아서인지 음악을 전공한 이 여성에게 마음이 끌리는 것을 어쩔 수 없었다.

우리는 양가에 무슨 일이 있어도 결혼하겠다고 선전포고를 했고 1982년 12월 18일 결혼식을 올릴 수 있었다. 아내와 내가 모두 29세였던 때였다.

아내는 마지막이라며 나에게 유학을 통보했고, 나는 서둘러 부모님을 설득했다. 30세가 되기 전에 결혼해야 한다는 처가 쪽의 강권과, 이를 피해 유학 가려는 아내의 결단에 우리는 결혼을 서둘러 해야만 했다.

12월 18일. 매년 우리의 결혼기념일이 돌아오면 우리 가족은 마치 기다렸다는 듯 가장 멋진 옷을 차려입고 대문을 나선다. 이날이 되면 온 가족이 모여 가족사진을 찍고 지난 앨범을 들여다보는 일이 정착되었다.

스물아홉, 우리는 가정을 이루었고 그리고 이 결혼은 지금의 내가 있도록 만들어준 든든한 뿌리가 되었다. 아내는 성격이 순하고 포용력이 강해 모든 상황을 잘 품는다. 그리고 내가 대형사고(?)를 칠만한 일이 아니라면 모두 남편의 뜻에 순종하고 따라와 주었다. 만약 아내가 불안 때문에 내가 하려는 일들을 발목 잡았다면 내가 지금까지 해온 많은 일들 중에서 반밖에 하지 못했을 것이다.

나이가 들수록 점점 아내에게 고마운 생각이 들고 더 잘 해주어야겠다는 마음도 든다. 그런데 이제 숨 좀 돌리겠다고 하는 아내에게 올해 더 큰 프로젝트를 만드는 바람에 여전히 많은 고생을 시키고 있다. 크로마국제기독학교 설립과 운영에 많은 부분 동참해 힘을 보태는 아내에게 고마운 마음을 지면을 통해서나마 담아 본다.

"여보, 32년간 이 무뚝뚝한 경상도 남자랑 사느라 수고 많았소. 그동안 고생시킨 만큼 이제부터 내가 더 잘해 주리다. 사랑하오."

성지순례를 통한 만남

성지에서 만나 좋은 관계를 이어가고 있는 장태봉 목사와 전영
천 목사. 내겐 언제나 마음 든든한 형님이요, 또 동생이 아닐 수
없다.

이스라엘 예루살렘에 있는 히브리대학 법과대학원을 다니며 시작한 성지순례 가이드는 처음엔 아르바이트였지만 나중엔 여행사를 하게 되고 더 나아가 이스라엘 회사 한국법인 사장을 맡는 계기가 되어 주었다.

이 뿐만 아니다. 한국에서 온 많은 목회자와 성도를 만나 교제하다가 더 친밀한 관계로 발전되곤 했다. 참 많은 분이 계시지만 성지순례를 하며 만난 목회자 두 분을 소개해 보려 한다.

이스라엘 갈릴리여행사 소속으로 한국팀 가이드를 만나 활동할 때였다. 가이드 초창기라 학교에 다니며 시간이 날 때마다 한국팀을 받아 며칠씩 안내를 했다.

한번은 한국 목회자들로만 30여 명이 오셨다. 목회자 학위 프로그램을 공부하던 목사님들이 단체로 오셨는데 시내산과 인접한 타바 국경에서 1박을 하게 되

었다. 그런데 그곳 숙소가 카라반 스타일로 일반 호텔과 달리 시설이 매우 허술했다.

이에 불편을 느낀 목사님들이 내게 항의를 해왔다. 나는 현지 여행사에서 예약한 호텔과 짜준 일정대로 안내하는 가이드일 뿐 사실 아무런 권한이 없었다.

나 역시도 짜인 일정을 보니 이렇게 힘들게 비싼 돈을 들여 이스라엘에 왔는데 꼭 보아야 할 것을 비싼 입장료 때문에 건너뛰어 버리는 스케줄인 것을 보고 은근히 화가 났다.

그러나 이것은 싸게 모집하는 한국여행사나 싼 프로그램만 찾는 성지순례객에 모두 문제가 있었다. 나는 목사님들에게 상황을 자세히 설명해 드렸다.

"목사님들이 낸 성지순례 비용이 많지 않아 숙소도 급이 낮게 책정된 것입니다. 그리고 이번 일정에 마사다나 쿰란 등은 입장료를 내고 꼭 들어가 보셔야 할 곳인데 근처에서 슬쩍 보고 지나가는 것으로 되어 있습니다. 이것은 계약된 부분이라 저로선 어쩔 수 없습니다."

상황을 자세히 설명하자 목사님들이 충분히 이해해 주셨다. 그리고 추가 비용을 낼 테니 가이드인 내가 보아야 한다고 판단되는 곳은 반드시 입장료를 내고 보게 해달라고 요청하셨다. 이 말씀을 내게 한 분이 바로 성지순례모임의 리더격인 장태봉 목사님이셨다. 지금은 담임하던 서부중앙교회 원로목사가 되셨지만 이때만 해도 30년 전이니 40대 후반이셨다.

장 목사님은 첫 성지순례에 이스라엘에 완전히 매료되셔서 자주 성지를 찾아오기 시작하셨다. 그리고 내가 성의껏 성지를 안내하고 설명하는 모습이 인상 깊었던지 이후 무조건 나만 찾으셨다.

일정을 맡기는 해당 여행사에 "이스라엘 가이드는 반드시 정효제 씨가 맡게 해달라"는 조건을 걸었던 것이다. 이 때문에 내가 소속되지 않은 다른 여행사에서는 아주 애를 먹어야 했다.

이후 목사님은 이스라엘에 모두 9번 오셨는데 그때마다 안내를 하다 보니 나와 나이 차이는 있어도 큰형님처럼 가깝게 지내게 되었다. 이렇듯 목사님과의 관계는 내가 한국에 갈릴리여행사를 설립하고 본격적으로 사업하면서도 계속 이어졌다. 회사에 오셔서 항상 기도해 주시고 조언과 관심을 아끼지 않으셨다.

이렇게 관계를 맺어오다 1999년 1월, 내가 당시 대한성서공회 총무로 계시던 민영진 박사와 의논해 신학을 공부하려고 결심했을 때 내 손을 잡고 본인 소속 교단 신학교인 대한신학대학원대학교로 데려간 분도 바로 장태봉 목사님이셨다.

그때 원서접수 기간이 지났지만 장 목사님이 요청해 입학하게 되었고 낮에는 다국적 기업의 사장으로 밤에는 신학생으로 두 몫을 하며 생활했다. 또 주일에는 장 목사가 담임하던 서부중앙교회 전도사로 사역을 감당하셨다.

장 목사님은 이후 본인의 성지순례 경험을 토대로 사진과 함께 성지순례책자를 발간하셨고 이후에도 내가 설립한 국제기독교성지연구소 이사로 참여해 주셨다.

은퇴한 장 목사님은 요즘 서대문 독립공원에 있던 순국선열 추모비가 사라지고 그 자리에 민족 혼 그릇이 대신 설치된 것에 분개해 이를 재건하는 운동을 열심히 펼치고 계신다. 2001년 일본 고이즈미 총리가 와서 헌화하고 사죄한 역사적인 현장을 없앤 것에 분개, 이를 다시 건립하기 위한 운동을 원로 목사님들을 중심으로 전개하고 계시다. 내가 교회를 개척하거나 또 중요 행사를 할 때마다 빠짐없이 오셔서 격려해 주시는 장 목사님은 여전히 나의 큰 형님이시다.

또, 성지에서 만나 동생처럼 지내는 목사도 있다. 강원도 홍천군 서석면 풍암교회 전영천 목사다.

전 목사 역시 국제기독교성지연구소가 주최한 성지순례 행사를 통해 처음 만났다. 성지 현장에서 항상 모범적으로 동행한 이들을 도와주고 섬기는 모습에 같은 목회자지만 감동을 받았다.

이것이 인연이 되어 이어진 성지연구소 성지순례 행사에 진행요원으로 도움을 요청한 적이 있는데 얼마나 일을 열심히 해 주었는지 이를 계기로 우리는 금방 친해지게 되었다.

내가 칼빈대 교수로 있으며 원주 갈릴리교회를 맡아 목회를 처음 하게 된 것도 전 목사가 이 갈릴리교회를 소개하고 선교 차원에서 교회에 필요한 많은 부분들을 지원해 주었기 때문이다.

전 목사는 자신이 목회하는 곳의 성도가 많지 않음에도 근처 내면이란 곳에 석화교회를 세우고 도움을 아끼지 않아 이 역시 귀감이 되었다. 그래서 한동안 원주갈릴리교회와 전 목사의 풍암교회, 풍암교회가 개척한 석화교회가 한 형제처럼 지냈다. 이제 내가 새로 크로마교회를 개척한 뒤 이 교회가 앞의 세 교회와 다시 연합해 형제교회가 되었다.

그래서 내가 목회하는 크로마교회와 풍암교회(전영천 목사), 석화교회(고철진 목사), 원주갈릴리교회(권용주 목사)는 형제교회로 소유권을 주장하지 않는 교회가 되기로 결의했다.

그리고 네 교회가 서로 연합해 앞으로 200개의 교회를 개척하고 2,000명의 무장된 사역자들을 배출하며 2만 성도들이 지역사회와 민족과 세계인들을 지속해서 변화시켜 나가는 운동(222운동)을 펼칠 것을 다짐했다. 이 비전은 우리 세대에서 이루지 못하면 다음 세대까지 넘겨 그 정신을 이어가게 할 것이다.

우리 네 교회는 교회가 목회자 중심이 아니라 주님 중심의 교회, 하나님의 사람을 세우는 교회로 사역을 성실하게 감당하려고 한다.

우리는 매년 체육대회를 열어 우의를 다지고 교회의 뜻깊은 행사가 있을 때 함께 참석해 기쁨을 나눈다. 이 네 교회 목회자 중 나이로 맏형인 나는 우리가 추구하는 이 순수한 목회열정과 선교다짐이 변하지 않고 유지되도록 계속 기도하며 노력하려고 한다.

성지에서 만나 좋은 관계를 이어가고 있는 장태봉 목사와 전영천 목사. 내겐 언제나 마음 든든한 형님이요, 또 동생이 아닐 수 없다.

교육의 힘
유대인에게서 배운다

"끊임없이 질문하고 생각하고 또 질문하라"

이 말은 질문이야말로 가장 효과적인 교육이라는 사실과 상통한다.

지금 우리가 직면하고 있는 정보화시대에는 다른 사람들이 생각하지 않는 것을 창의적으로 생각하는 상상력이 더 중요하다. "뛰어난 창의적인 인물 몇 명이 인류를 먹여 살린다"는 말까지 나올 정도다.

질문에는 질문으로 답하라

이스라엘 교육에 대해서 강의할 때 제일 먼저 받는 질문이 "어떻게 해서 유대인은 노벨상을 받는 석학들을 그렇게 많이 배출하는 가?"이다. 이에 대한 대답이 바로 '질문'이다. 그것도 "끊임없이 질문하라"는 말로 요약할 수 있다. 더 나아가 "질문에는 질문으로 답한다"라고 정리할 수 있다.

"끊임없이 질문하고 생각하고 또 질문하라."

이 말은 질문이야말로 가장 효과적인 교육이라는 사실과 상통한다.

농자천하지대본(農者天下之大本)이라는 말이 있다. 농사가 최고라는 말이다.

인류가 존재하면서부터 먹거리의 문제는 중요한 문제였다. 그래서 모든 가치의 기준이 농업에 있었고, 농경사회의 직업은 사농공상(士農工商)으로 나누어져 있어 선비가 존중받는 사회였다. 선비가 되려면 암기력이 뛰어나 시문학을 잘 암기해야만 했다.

농경사회가 끝나고 산업화 시대가 되면서 기술이 중요한 시대가 되었다. 좋은 기술을 개발하고 공장에서 열심히 제품을 생산하여 판매하면 잘 살 수 있는 시대였다.

하지만 지금 우리가 직면하고 있는 정보화시대에는 다른 사람들이 생각하지 않는 것을 창의적으로 생각하는 상상력이 더 중요하다. "뛰어난 창의적인 인물 몇 명이 인류를 먹여 살린다"는 말까지 나올 정도다. 우리나라가 만드는 핸드폰이 전 세계에서 벌어들이는 수입은 천문학적이다.

천편일률적인 암기식 교육 방식을 고수해온 우리에게도 교육이 달라져야 한다는 목소리가 높다. 이런 때에 우리에게 미래 교육의 모델로 등장하는 교육 강국이 있다. 바로 이스라엘이다.

이스라엘은 예수님이 태어나신 2000년 전에도 교육적인 환경이 매우 뛰어났던 것으로 알려져 있다. 예수는 12세까지 성경의 율법을 중심으로 공부해 어릴 때부터 하나님의 말씀으로 무장됐다. 그리고 그 후에 기술교육을 하여 삶을 위한 준비를 할 수 있도록 예비됐던 것이다.

이스라엘 유대식 교육의 가장 큰 특징은 어려서부터 교육 방법이 질문형으로 이루어진다는 점이다. 즉, 항상 질문하고 질문에 답하는 형태로 이루어지는 탈무드식 교육이 이루어진다.

어린아이 때 하는 가장 기초적인 질문인 "아빠 이게 뭐야?"로부터 시작하여 "왜?"라는 질문까지 이끌어내는 작업을 하게 된다.

이런 분위기에서 의무교육에 해당하는 과정을 거친 예수님이 이미 12세가 되었을 때 예루살렘 성전에서 랍비들에게 질문하고 있는 모습을 복음서에서 찾아볼 수 있다(눅2:46).

그리고 랍비들과 대화했을 때, 분명히 질문하고 토론하셨다는 것을 알게 되는 것은 랍비들이 그의 지혜와 대답에 대단히 놀라워하고 있었다는 사실에서도 다시 엿볼 수 있다.

이스라엘 교육에 대해서 강의할 때 제일 먼저 받는 질문이 "어떻게 해서 유대인은 노벨상을 받는 석학들을 그렇게 많이 배출하는가?"이다.

이에 대한 대답이 바로 '질문'이다. 그것도 "끊임없이 질문하라"는 말로 요약할 수 있다. 더 나아가 "질문에는 질문으로 답한다"라고 정리할 수 있다.

누가복음 10장 25절 이하에, 예수님을 찾아온 어떤 율법교사가 예수님을 시험하여 "내가 무엇을 하여야 영생을 얻을 수가 있습니까?"라고 예수님께 질문했을 때, 예수님은 바로 대답하시지 않으셨다.

그리고 그 청년에게 다시 질문하신다.

"율법에 무엇이라고 기록되어 있나요?"

예수님은 그 청년으로 하여금 스스로 답을 찾도록 하신 후에, "그대로 하라"고 가르치신다(누가복음 10장 25절 이하). 바로 이 장면에서 우리는 질문식 교육의 중요성을 발견할 수 있다.

"질문에는 질문으로 답한다"라는 말을 내가 특별히 강조하게 된 배경이 되는 말씀이다.

질문에 질문으로 답하게 되면 단답은 없어진다.

계속적으로 대화하게 된다. 그리고 그 대화를 통해 아이들은 지혜를 배우게 되고 토론형 학습에 익숙하게 된다. 다만 여기서 좀 신경을 써야 할 부분은 질문할 때 질문이 가져올 결과까지를 생각하고 준비해야 한다는 사실이다.

어머니가 "학교 잘 다녀왔니?"라고 무심결에 하는 질문은 이 아이를 학교에서 얌전하게, 그리고 소극적으로 지내다 집에 가는 학생으로 만들게 된다는 사실을 곰곰이 생각해 보자.

반면 "학교에서 뭐 먹었니?" 하고 질문하게 되면 아이는 다음날부터 점심에 나온 식단을 외워 엄마에게 이야기하게 된다. 엄마의 질문에 따라 아이의 행동과 생각이 바뀌는 부분이다.

이처럼 이스라엘 엄마들은 아이들에게 "오늘 학교에서 무슨 질문을 했니?"라고 묻는다고 한다.

이런 질문을 받게 되면 아이들은 학교 수업 시간에 매우 집중하게 되고, 경청한 다음에 선생님에게 질문하게 된다.

이렇게 질문을 하면 선생님은 또 질문으로 답한다.

"너는 어떻게 생각하느냐?"

여기에 여러 가지 대답이 나올 수 있을 것이다. 이 질문이야말로 무한한 가능성을 발굴해 낼 수 있는 창의적인 학습 방법이라고 할 수 있다.

질문에는 질문으로 답한다. 누구나 자녀에게 할 수 있는 좋은 교육방법이다. 좋은 질문을 통해 아이들의 미래를 바꿀 수 있다.

그러므로 좋은 부모, 현명한 부모는 자녀에게 질문을 유도해 스스로 생각하고 판단하고 연구해 생산적이고 적극적인 대답, 밝고 긍정적인 대답이 나올 수 있도록 만들어 주는 게 좋다.

우리 CCIS는 교사들에게 질문에 질문으로 묻고 답하는 교육을 가장 많이 강조한다. 이를 통한 교육적 효과가 가장 높다고 여기기 때문이다. 질문에서 질문으로 이어지다 보면 암기할 내용도 머릿속에 훨씬 잘 입력된다.

'질문을 질문으로 연결하는 교육을 하라' 오늘 메시지의 핵심 주제다.

'하지 말라' 대신 '참으라'고 말하라

유대인들에게 있어 인내는 생존과 같은 단어다. 어지간하면 세 손
가락을 모으고 흔들면서 "싸브라누트"를 외친다.
이 말을 번역하면 "참으세요"라는 말이다.

고난은 인생에 있어 양념과도 같다. 평탄한 인생은 재미가 없다. 긴 인생을 사
노라면 고난이 없을 수 없다. 그 고난을 어떻게 소화하고 내 것으로 받아들이느
냐에 따라 인생의 색깔이 달라진다.

고난의 종류는 다양하다. 물질적인 것이 되었든, 건강의 문제가 되었든, 인간
관계의 불화가 되었든 갖가지 모습으로 우리에게 다가온다.

고난이 있을 때 기도하라는 성경말씀이 있는 것을 보면 크리스천도 이런 고난
을 피할 수 없음을 알 수 있다. 모두에게 고난은 있는 것이고 허용된 것이기에
어떻게 고난을 다루어 나가느냐에 따라 성공과 실패가 나누어진다.

누구나 실패를 원하는 인생은 없다. 하지만 성공하는 사람에게는 무언가 특별
한 것이 있다. 그것은 바로 인내다. 나는 인내하는 사람이 결국 성공한다는 쪽에

기꺼이 한 표를 던진다.

유대인들에게 있어 인내는 생존과 같은 단어다. 어지간하면 세 손가락을 모으고 흔들면서 "싸브라누트"를 외친다.

이 말을 번역하면 "참으세요"라는 말이다.

성공하는 키워드가 "참으세요"인 것이 참으로 의미심장하다. 우리 옛말에도 '참을 인(忍) 자 셋이면 살인도 피한다'고 했다. 인내를 가르쳐야 하는 것은 우리가 얼마나 조급한지, 세계적으로 유행하는 한국어가 '빨리빨리'인 것을 보면 알 수 있다.

아이들이 지독하게 속을 썩일 때가 있다. 그럴 때 어머니가 소리를 지르고 그 아이와 다투기보다는 마음에 '참을 인' 자를 그리면서 기다려야 한다. 소리를 질러 되는 일이 하나도 없기 때문이다. 나 역시 집에서 아이들에게 소리를 지르다가 금방 돌아서서 후회하는 것을 늘 경험한다.

오랜 사회생활과 대인관계를 경험하면서 결국 '인내'만한 열매가 없다는 사실을 기억한다. 유대인들이라고 결코 다르지 않다.

아이들은 여전히 떠들고 교실은 난장판이 되기도 한다. 다만 이를 다루는 선생님의 태도가 다르다. 이스라엘 선생님은 이들을 다스릴 때 계속해서 "싸브라누트"를 외치면서 진행한다.

순서가 아닌 아이가 먼저 하려고 해도 여지없이 가르친다.

"네 순서까지 기다려야 해, 새치기는 안 돼!"라고 훈계를 하지 않는다.

"아브라함, 싸브라누트!"

"아브라함아 좀 참아 줄래?"라고 여지없이 인내하라고 가르치는 것이다.

싸브라누트란 단어의 뜻은 '고난'이다. 즉 인내라는 뜻이 숱한 고난의 산물인 것을 자연스럽게 나타내고 있다. 부모가 집에서 아이들을 키울 때, 학교에서 선생님이 가르칠 때, 이 "싸브라누트"를 수없이 외치게 되는 것도 이스라엘식 교육의 일환이다.

결국 참고 견디다 보면 좋은 날이 반드시 온다는 것을 학생들에게 가르치는 셈이다. 인내도 교육이다. 인내를 배우지 못하면 조급하고 성급하며, 성질대로 처리하는 사회가 될 수밖에 없다.

교육적 차원의 인내를 말했지만 목사인 나의 입장에서 보면 목회도 결국 인내라는 생각을 하게 된다. 그래서 성령의 9가지 열매 중에 '오래 참음'이 있다. 지도자가 되려면 인내를 잘해야 한다고 했는데 하물며 영적 지도자가 되는 데 필수적이지 않겠는가.

목회는 결국 모든 걸 참는 일이다. 참으면 이겨낼 일을 인내하지 못하고 결국 속을 보여 실패하는 경우가 허다하다. 인내는 자기 자신과의 싸움이기도 하다. 목회자가 값진 인내심을 발휘할 때가 목회 성공의 지름길이다. 잘 참아야 한다. 목회자도 자신 속에 도사리고 있는 자아를 깨뜨리지 못해서 넘어지는 수가 많다. 나중에 깨닫고 잘못했다는 걸 알 때는 이미 늦다.

영국의 문호 셰익스피어는 "인내력이 없는 사람이야말로 불쌍한 사람이다"라고 했다. 노벨 문학상을 탄 미국의 펄 벅 여사는 『대지』에서 주인공 왕룽을 전형적인 중국 기질의 인내심으로 끈기 있게 클로즈업시키고 있다.

홍수가 오거나 황충 떼의 재난과 마적 떼가 휩쓸어가는 수모에도 참아냈으므로 이기는 해피엔딩을 그려 주었다. 이 소설이 화려하지 않아도 많은 독자층에 감명을 주는 것은 '인내' 때문이다. 평범한 농민인 왕룽의 끈기와 인내심이 돋보이기 때문이다.

다시 강조하지만 "하지 말라"는 말보다 "참으라"고 하는 유대의 교육 방법을 따라가 볼 필요가 있다. 어떤 일을 금지하는 순간에 아이들의 호기심도 줄어들고 만다.

교실에서 또는 가정에서 아이가 부모나 선생님의 말을 안 듣고 혼자서 소란을 피울 때, '참으라'고 말해 보길 바란다. 그러면 아이는 참는 것은 할 수 있을 것이고, 포기하지 않고 참고 견디다 보면 어느 사이에 성공하고 있는 스스로를 발견하게 될 것이다.

아이들은 선생님과 어머니를 보고 배우면서 살아간다. 잘 참는 선생님과 잘 참는 부모가 아이를 기다려 주고 인내하면 결국은 아이가 성공하게 될 것이다.

고난을 이겨내고 잘 참아서 결국에는 승리하는 여러분과 자녀가 되기를 바란다.

이스라엘은 오늘도 모든 국제적인 환경과 전쟁의 상황에서도 "싸브라누트"를 외치며 모든 것을 승리로 이끌어내고 있다.

남과 다르게 살라

평소에 그 아이가 잘하는 일을 관찰하여 발전시켜 나가는 일이 부
모가 해야 할 가장 중요한 일이다. 그래서 공부를 잘하는 아이들
만 존중받는 것은 철저히 배격하고 피해야만 할 일이다.

이스라엘의 교육방법 중에 특별한 것이 하나 있다. 바로 "남과 다르게 살라"고
가르친다는 사실이다.

획일화된 교육에 익숙해져 있는 우리로서는 누구나 성공했다고 인정해주는
직업을 선호하고 그 길을 향해 정진한다. 그런데 이스라엘은 모든 일이 소중하
므로 남과 다르게 자기만의 삶을 추구하라고 가르치니 쉽게 이해하기 힘든 부분
이다. 이 말은 결국 우리 모두 각각 다른 개성을 부여받았으니 서로 다르게 사는
것을 숙명처럼 받아들이고 살라는 뜻으로 해석할 수 있다.

친구 중에 어릴 때 어머님으로부터 들은 말이 아직도 상처로 남아 있다고 이야
기하는 것을 들은 적이 있다.

친구 어머니는 "누구 아들은 이번에 1등 했다는구나. 너는 도대체 뭐가 부족해

서 1등을 못하냐? 그 애보다 네가 못한 것이 뭐니? 내가 책을 안 사줬니? 용돈을 안 줬니? 밥을 안 먹였니? 제발 더 열심히 해서 1등 좀 해봐라"고 혀를 차며 질책한 것이다.

친구는 어머니의 말을 50년이 지난 이 시점까지 생생히 기억하고 있었다. 결국 이 말이 바윗돌처럼 친구의 마음에 자리 잡아 누르고 있다는 것이다. 이 친구는 그때부터 엄마 친구의 아들을 부러워하기 시작했고, 한편으로는 질투가 나 미워하기도 했다고 한다. 그리고 한발 더 나아가 그 친구가 지금은 어디서 무엇을 하고 있는지 궁금하다는 이야기도 덧붙였다.

아직도 엄마 친구의 아들 때문에 정신적으로 괴롭힘을 당하고 있는 그 친구의 이야기를 들으면서 어릴 때 상처가 정말 컸다는 생각을 떨쳐 버릴 수 없었다.

이 친구의 사례처럼 어릴 때 그렇게 비교를 당하면 비교당한 아이가 과연 부모가 원하는 대로 이렇게 대답해 줄 것이라 믿는지 모든 부모들에게 다시 묻고 싶다.

"어머님 감사합니다. 그렇게 저를 1등을 한 제 친구와 비교해 주셔서 제가 부족한 것을 깨닫게 해 주셨습니다. 이제 제가 더욱 분발해 더 열심히 해 보겠습니다."

그러나 답은 '아니올시다' 이다. 엄마가 기다리는 대답을 하는 자녀는 없다고 생각한다. 그저 그런 말을 들으면 마음속에 반발만 생기고 억울한 마음만 생기기 마련이다. 아니, 모두 1등만 하면 누가 2등하고 3등하냐고 되묻고 싶을 것이다.

아이들이 몹시 억울해하는 표정을 지으면 엄마의 말은 여지없이 이렇게 끝나지 않을까 싶다.

"야 이놈아, 이게 다 너 잘되라고 하는 거야. 네가 잘 되는 것이 나한테 무슨 소용이 있겠어?"

하지만 어린이는 벌써 알고 있다. 엄마 자신의 만족을 위해서 그렇게 말하고 있다는 것을. 아마 엄마도 어렸을 때 부모로부터 들었던 말일 것이다. 자신은 안 하겠다고 다짐했을 텐데 어느새 비슷하게 바뀌어버린 자신을 보고 깜짝 놀랐을 수도 있을 것이다.

비교 당한다는 것은 당연히 누구에게나 좋지 않은 일이다. 타고난 성질과 성격, 그리고 재능과 능력이 각기 다르기 때문이다. 같은 나이에 비슷한 환경을 가진 아이라 하더라도 그가 상상하고 있는 생각과, 생각의 세계는 각기 다르기 마련이다.

그러므로 그 부분을 키워주어야 한다. 남과 다르다는 것을 인정하고 다르게 개성 있게 사는 것을 자랑스러워해야 한다. 그래야 무슨 일을 하든 자부심이 부쩍부쩍 생긴다.

"그래, 길동아. 넌 너만의 개성과 자질이 있어. 하나님께서 네게 많은 자질을 주셨으니 그것을 개발하고 키워서 행복하고 멋진 삶을 살도록 하자꾸나. 그리고 하나님께 영광 돌리는 삶을 살자."

어머니의 이런 격려와 칭찬은 자녀에게 자부심과 긍지를 주고 더 열심히 하겠다는 의지를 불태우게 만든다.

한국 엄마들처럼 의사 판사 교수만 되려고 한다면 우리 사회는 과연 어떻게 유지될까. 내가 다른 것을 인정하고 그 다른 것을 존중해 주는 노력이 필요하다.

따라서 각자가 가지고 있는 학업성취도도 틀릴 수밖에 없다. 각자가 다르기 때문에 능력별 수업을 해야만 실질적이고 효과적인 교육이 이뤄질 수 있다고 믿는다. 그렇다고 우열반을 나누어서 수업하게 되면, 나누는 순간부터 자만하는 아이와 패배감에 젖어 있는 아이들로 구분되어 그의 남은 인생 자체가 차별받는 그룹으로 형성될 수밖에 없다.

그래서 교실에서는 개별 능력과 개성에 맞춘 수업을 진행하는 것이 가장 좋은 방법이다. 공부를 잘하지 못하는 아이가 체육에는 뛰어난 성취를 보이는 경우가 있고, 음악에는 소질이 없는 아이가 실험실에서는 뛰어난 집중력을 보이는 경우도 많다.

결국 우리는 우리의 자녀를 절대 비교하지 않고 재능을 찾아 주는 일에 더 마음을 써야 한다는 결론에 이른다. 우리 아이가 인문학이나 자연과학보다 체육이나 미술, 음악에 더 소질을 보인다고 슬퍼해선 안 된다. 또 그 길을 애써 막으려 해서도 안 된다.

평소에 그 아이가 잘하는 일을 관찰하여 발전시켜 나가는 일이 부모가 해야 할 가장 중요한 일이다. 그래서 공부를 잘하는 아이들만 존중받는 것은 철저히 배격하고 피해야만 할 일이다.

재능을 발견하기 위해 부모가 해야 할 일도 적지 않다. 어려서부터 적성검사를 수시로 받도록 도와야 하고, 많은 직업적인 체험을 통해서 그가 가지고 있는 재능을 조기에 발견해 주는 것이 반드시 중요하다.

창세기 37장에서 야곱은 늦게 얻은 아들 요셉에게 채색 옷을 지어 입힐 정도로 다른 아들들보다 더 사랑했다. 그러나 이 일로 다른 형들이 요셉을 미워해 말도 곱게 하지 않았다고 기록돼 있다. 지나친 과보호가 결코 자녀에게 도움이 되지 않는다.

여기서 우리가 배울 수 있는 사실은 하나님이 창조하신 개개인의 생각과 달란트, 의견을 존중해 자신에게 가장 맞는 직업을 가지는 것이 필요하다는 것이다.

다시 원점으로 돌아가 보자. 이스라엘의 교육방법인 "남과 다르게 살라"고 가르치는 이유에 대한 해답이 어느 정도 되었는지 모르겠다.

자녀들을 행복하게 만들어 주는 부모가 되자. 그러기 위해서는 부모가 원하는 자녀의 미래를 강요하지 말자. 자녀가 진정 잘하는 일을 찾아 행복한 삶을 영위

할 수 있도록 돕자. 자녀에게 가장 알맞은 직업을 찾아주자. 그것이 결국 부모와 자녀 모두가 행복해지는 길이다. 자녀의 행복이 바로 부모의 행복이 된다는 사실을 잊지 말자.

뿌리 교육을 시켜라

> 우리의 후손들에게 가문의 뿌리를 가르쳐야 하듯이 신앙의 뿌리
> 도 가르쳐서 튼튼하게 성장하도록 도와야 한다. 이렇게 신앙의 뿌
> 리 교육이 잘 된 유대인들 중에 뛰어난 인물이 많은 것은 당연한
> 일이다.

이스라엘 교육 방법 가운데 명절과 안식일을 통한 뿌리교육에 대해, 또 애국
심에 대해 소개하고자 한다.

1990년 내가 이스라엘 히브리대학원에서 유학하는 중에 아내가 딸아이를 낳
게 되었다. 먼 이국땅에서 친지나 가족의 특별한 보살핌 없이 아기를 낳는다는
것이 얼마나 서글펐을까 지금 생각하면 아내에게 참 미안한 생각이 든다.

그런데 아이를 낳고 적잖이 난감한 문제에 봉착하게 되었다. 그때가 마침 유
월절 기간이었기 때문에 유대인은 빵 대신 비스킷같이 생긴 '마짜'를 먹었다. 이
처럼 유월절에 먹을 수 있는 것은 전통대로 누룩이 들어 있지 않은 음식들이다.
정말 맛이라곤 전혀 없다. 그런데 이를 지키기 위해 가정과 상점, 음식점은 모든
음식이 이미 유월절 음식으로 바뀌어 있었다.

아내는 아이를 낳아 당장 영양보충을 해야 하는데 쌀밥에 미역국은 고사하고 산모가 먹을 수 있도록 병원에서 빵이라도 주었으면 좋겠는데 어림도 없는 일이었다. 보호자인 나는 정말 난감했다. 병원뿐만이 아니었다. 시내의 모든 가게를 뒤져 봐도 빵이 사라지고 없었다.

우리 기독교가 지키는 부활절, 이때가 이스라엘에 있어서는 유월절 명절이다. 이때가 되면 직장에서는 직원들에게 생활용품 등을 나눠 주기도 하고, 가족들과 친구들은 서로 서로 마음이 담긴 가벼운 선물들을 주고받는다.

그리고 명절을 맞이해 여러 날에 걸쳐 집 안과 밖을 청소하며, "이레 동안은 누룩이 너희 집에서 발견되지 아니하도록 하라"는 출애굽기 12장 19절의 말씀을 실행에 옮겨 누룩이 들어간 빵이나 과자 등은 묵은 음식과 함께 내다 버린다.

그리고 냉장고를 청결하게 유지하고, 식기 등은 유월절에 동네마다 설치되는 정결처소에 가서 뜨거운 물에 삶아서 돌아와 사용한다. 이러한 정결법이 철저하게 지켜지는 나라가 바로 이스라엘이다.

여기까지는 충분히 그럴 수 있다고 생각된다. 우리도 추석 명절이 되거나 설 명절이 되면 집 안팎으로 청소를 하고 서로 선물을 주고받고 하니 우리와도 크게 다르지 않은 부분이다.

하지만 이렇게 유월절 준비를 위하여 빵을 없애며, 과자들을 숨길 때 아이들을 데리고 다니면서 왜 이렇게 하여야 하는지를 직접 가르치고, 청소하면서 어떻게 하는지를 알려주는 등 함께 하는 모습이 우리와 사뭇 달랐다. 빵을 없앨 때에도, 청소할 때에도 반드시 어린이에게 적합한 역할을 주어 동참하게 했다. 이는 끝난 뒤의 성취감을 같이 맛보도록 해주는 배려이기도 했다. 그리고 집안의 어른들은 이 일을 함께 해낸 아이를 극구 칭찬하며, "네가 없었으면 이 일을 다 완성할 수가 없었다"고 말함으로써 아이의 자존감과 중요성을 일깨워 주었다. 이 역시 이스라엘의 산교육인 셈이다.

이렇게 명절을 함께 지내면서 성경에 기록된 말씀으로 교육하며 전통을 가르치는 것이 자연스럽게 느껴졌다. 아이가 나이가 들어도 하나님 곁을 떠나지 않도록 자연스럽게 신앙교육을 하는 것이다. 지혜로운 교육방법이 아닐 수 없다.

성경의 모든 절기 가운데 가장 중요한 절기가 언제라고 생각하는가?

아마 많은 사람들이 성탄절 또는 부활절이라고 대답할 것이다. 하지만 유대인들은 가장 중요한 때를 안식일이라고 가르친다. 기독교로 말하자면 주일이 가장 크고 중요한 것이다.

이 안식일이 시작되는 시간인 금요일 해지는 시간이 되면 온 가족이 모여 아버지를 중심으로 기도회를 하고 식사를 함께한다. 그리고 토요일 해지는 시간에 한 주를 시작하는 예배를 드리기까지 온전히 24시간을 휴식하게 된다.

온 가족이 모여서 회당에 예배하러 가는 일 외에는 다른 행사를 하지 않는다. 이스라엘에선 텔레비전 방송도 하지 않기 때문에 다른 오락도 없다. 시내버스나 시외버스가 다니지 않고 물론 자가용 운행도 하지 않기 때문에 멀리 갈 수도 없다. 아버지가 안식일을 적극적으로 지키는 모습을 자녀들에게 보이기 때문에 자녀들도 자연히 배우는 것이다.

나는 우리 한국도 이런 뿌리 교육을 배워야 한다고 생각한다. 물론 기독교인과 신앙의 관점이 다르기에 유대교를 배우라는 뜻이 아니다. 그들이 그 무엇보다 예배를 중요하게 생각하는 자체를 배우라는 의미다.

따라서 좋은 성적을 받기 위해서 공부하느라 예배에 빠지는 법이 없다. 일감이 밀려 있기 때문에 회사에 출근하고, 중요한 약속이 있기 때문에 교회 가는 것을 다음 주로 미루는 일이 결코 없다. 십계명에 "안식일을 기억하여 거룩하게 지키라"는 말씀을 지키는 본을 항상 자손들에게 보이기 때문이다.

이처럼 교회 절기 지키는 것은 가볍게 여길 일이 아니다. 십계명 중에 어느 하나도 소홀히 할 수 없는 것이 신앙인의 기본인데, 그 기본 중의 기본인 주일을 지켜 하나님 앞에 나와 예배하는 삶을 가르쳐야 한다.

우리의 후손들에게 가문의 뿌리를 가르쳐야 하듯이 신앙의 뿌리도 가르쳐서 튼튼하게 성장하도록 도와야 한다. 이렇게 신앙의 뿌리 교육이 잘 된 유대인들 중에 뛰어난 인물이 많은 것은 당연한 일이다.

신앙의 뿌리교육도 당연히 중요하지만 한국인으로서의 정체성을 바르게 갖는 뿌리교육도 중요하다고 생각한다. 나라에 대한 긍지와 자부심을 갖는 것이 국제적으로 큰 인물이 되거나 하나님의 일을 하는 데 있어서도 큰 역할을 한다고 보기 때문이다.

외국에 나가면 모두가 애국자가 된다고 한다. 나 역시도 한국에 있을 때는 몰랐는데 외국에 나가보니 시간이 지날수록 한국이 그리웠다. 한국말과 글과 음식이 다 그리웠다. 그래서 교포들을 모아 교민회를 만들고 꽤 오랫동안 회장 일을 보기도 했다.

중국의 상해에 가면 대한민국 임시정부가 있었던 터가 그대로 보존되어 있다. 나라를 잃고 중국과 연해주를 떠돌던 독립군들이 머물던 장소, 임시정부가 조직되고 활동하던 장소들을 보면서 얼마나 열악한 환경에서 잃어버린 나라를 찾겠다고 노력을 했는지 눈시울이 뜨거워졌었다. 그들이 얼마나 조국 대한민국을 그리워했으면, 노래 가사에 "흙 다시 만져보자 바닷물도 춤을 춘다"라고 했을까.

실수에 박수를 쳐라

이스라엘의 부모들은 아이들이 실수하거나 실패했을 때, 그 실패로 인해 무안하거나 울지 않도록 미리 방지하는 역할을 충분히 해 주는 연습이 잘 되어 있다.

"아이들이 유리컵을 들고 가다가 실수로 떨어뜨려 깨뜨렸을 때 어떻게 반응하십니까?"

우리 학교에서 이스라엘 교육에 대한 세미나를 하면서 참석한 학부모들에게 던지는 질문 중 하나다.

이 질문에 나온 대답들은 여러 가지였다.

"다치지 않았니?"라고 하는 반응이 제일 먼저였다.

바로 그다음 두 번째가 "내 그럴 줄 알았어!"였다.

조심하지 않았다고 야단을 치거나 심지어 머리를 쥐어박는 부모도 당연히 있다. 그런데 이스라엘 부모들은 이럴 경우 어떻게 반응할까. 한국 부모들은 잘 이해하기 힘든 반응이다.

정답은 "마잘 톱!" 하면서 크게 박수를 친다는 것이다.

'마잘 톱'이라는 히브리어의 뜻은 "축하합니다"라는 의미를 가지고 있다. 이스라엘에서는 생일을 맞이했을 때도 "마잘 톱!"이라고 말하고, 상을 받아도 "마잘 톱!"이라고 한다. 다시 말하면 아이가 컵을 깨뜨려도 "실수를 축하한다"는 말을 해주는 셈이다.

이번 칼럼은 부모들이 왜 자녀의 실수도 칭찬해야 하는지에 대해 설명하고자 한다.

옛말에 "엎질러진 물은 다시 담을 수 없다"고 한다. 한번 일어난 일은 돌이킬 수가 없기 때문이다.

컵에 물을 들고 가다가 깬 아이도 엄마 일을 도우려고 하다 발생한 일이다. 스스로 물 먹는 일이라도 해 보려고 노력하다 그만 실수로 컵을 놓치고 만 것이다. 아이는 엄마를 도우려다가 생긴 자기 마음을 엄마가 몰라주는 서러움에 복받쳐 울게 되고, 엄마가 또 우는 아이를 향해서 "뭐 잘했다고 울어?"라고 면박을 주면 그런 엄마가 더 밉고 싫어지게 된다. 이런 일들이 연속적으로 일어나면 그 가정에서 아이는 더 이상의 일을 하거나 모험을 하지 않게 된다. 엄마가 자기 자녀를 모험심 있고 창의적인 아이로 키우고 싶어 함에도 스스로 그 길을 막고 있는 것이다.

이처럼 이스라엘의 부모들은 아이들이 실수하거나 실패했을 때, 그 실패로 인해 무안하거나 울지 않도록 미리 방지하는 역할을 충분히 해주는 연습이 잘 되어 있다. 심지어는 다 큰 처녀들이 설거지하다 접시라도 깰라치면 "마잘 톱! 결혼하겠네"라고 하면서 축하하는 분위기로 순식간에 만들어 버린다.

이런 실수가 있을 때마다 실수는 실수지 뭘 축하까지 해야 하나? 하는 생각을 할 수 있다. 그러나 인생의 모든 문제는 실수를 통해 배우고 생각과 가치관을 키워가게 된다. 이렇게 생각하면 새로운 배움을 얻었으니 축하를 받는 것이 마땅하다고 생각할 수 있다. 창의성은 실패를 두려워하지 않는 모험심에서 나온다고 볼 수 있다.

어느 여성이 쓴 수필에서 실수한 상황에 대해 자신이 엄마에 대해 받은 상처와 이것을 기억했다가 자신의 딸에게 현명하고 지혜롭게 대처한 내용을 읽은 적이 있다.

이 분은 저녁을 지으려 쌀을 꺼내는데 딸이 돕겠다며 나서다가 쌀을 주방 바닥에 흘리고 말았다고 한다. 순간 그녀는 "이런, 이걸 흘리면 어떡해? 엄마가 한다고 그랬지?"라는 거친 반응이 나왔다고 한다. 화를 먼저 내고 만 것이다. 그런데 이때 순간적으로 자신의 어머니 생각이 떠올랐다고 한다.

자기가 어렸을 때 엄마가 고춧가루를 통에 담으라고 하신 적이 있는데 옆에서 자기가 이를 도우려다 실수로 고춧가루를 바닥에 흘리고 말았다는 것이다. 그러자 어머니가 심하게 짜증을 내며 "이걸 다 쏟으면 어떡하니, 내가 너한테 뭘 시키겠니? 저리 비켜라!"라고 자신을 밀쳐버렸다고 한다. 자신은 엄마를 잘 도와주려 했는데 엄마가 화를 내어 너무나 속상한 마음이었다. 그때처럼 지금 이 아이도 나와 같은 마음이 들었을 것이라는 생각이 들어 다음부터 아이가 실수를 하더라도 격려해주자고 다짐했다는 것이다.

이튿날, 아이가 우유를 마시기도 전에 바닥에 다 쏟아버리고 말았다고 한다.

"우유 쏟았어?"

"네…."

아이는 혼날까 봐 눈치를 보며 조그만 목소리로 대답했다고 한다.

"괜찮아! 닦으면 되지. 다음부터는 조심하자. 응?"

"네!"

그러자 아이의 얼굴이 금세 환해졌다고 한다.

그녀는 "괜찮아!"라는 말 한마디에 밝아지는 아이의 얼굴을 보며 실수에 너그러운 엄마가 되리라 다짐했다는 것이 수필의 내용이었다.

실수에 격려만 해주어도 이렇게 아이의 표정이 밝아지는데 여기에 칭찬까지 하면 어떻게 될까 금방 상상이 된다. 이스라엘 교육이 하루아침에 이뤄진 것이 아니고 수천 년을 이어오면서 형성된 것이기에 일반적 교육이론이나 방법보다 더 실제적이고 구체적이다.

소셜네트워킹의 대명사가 된 페이스북을 만든 마크 주커버그는 성장하는 과정에서 실패를 두려워하지 않는 분위기, 또한 실수하거나 실패하면 축하해 주는 분위기에서 성장했다.

이런 환경에서 공부하게 된 주커버그는 처음에 친구들과 소식을 나누기 위해 페이스북을 만들었다. 처음부터 거창한 회사를 설립해 만든 것이 아니라 친구들 몇 명이 그냥 소식 주고받기를 인터넷을 통하여서 하게 된 것이 회사창립의 모티브가 됐다.

성공하게 되면 이보다 좋을 수 없지만, 실패한다 하더라도 부끄러운 일이거나 내 삶에 치명적인 오점을 남기거나 하는 것이 아니다. 그저 놀아 본 일이니까 크게 신경 쓸 일이 아니다.

유대인 부모 밑에서 자란 마크 주커버그는 실패를 두려워하지 않는 도전정신으로 일하게 되었고 그 결과가 페이스북이라는 놀라운 SNS기업으로 나타나게 된 것이다.

우리가 아이들을 키우면서 작은 실수에 너무 인색하게, 때로는 너무 혹독하게 대가를 치르게 하는 것은 아닌지 스스로 돌아보아야 한다. 실수를 두려워하고, 더군다나 실패를 두려워하는 완벽주의는 조심하고 신중하며, 모험심이 없는 부끄럼을 많이 타는 아이로 키울 수밖에 없다.

실수와 실패를 두려워하지 않고 도전정신으로 똘똘 뭉친 아이들로 성장시켜 나가기를 바란다면 실수를 칭찬하길 바란다. 그 실수로부터 무언가를 배워 더 큰 실수를 두려워하지 않는 도전정신이 살아 있는 아이로 키우는 여러분이 되시길 바란다.

심장과 심장을 맞대라

> 어린이들과 인사를 할 때 무릎을 꿇고 눈높이를 맞추고 동심이 되어야 한다. 눈높이를 맞추는 것이 단지 눈을 바라보는 높이뿐만 아니라, 사물을 바라보는 시선과 마음의 생각이 모두 아이 같아져야 하는 것이다.

이스라엘 예루살렘에 살 때였다.

큰 아이를 처음 유치원에 보냈던 날을 생생하게 기억한다. 아이는 무척 두려워했다. 당연히 집과는 다른 환경과 다른 언어를 말하는, 다르게 생긴 친구들을 무척 생소해했다.

그래서 유치원에 도착해서도 엄마와 떨어지지 않으려 손을 놓지 않고 버티는 것을 몇 번이나 보았다.

그럴 때마다 유치원 선생님은 문 앞에서 온 얼굴에 함박웃음을 띄고 양팔을 활짝 벌려 아이를 크게 반기는 것을 보았다. 그리고 온몸으로 그 아이를 사랑으로 안아주는 것이었다.

우리는 아이를 사랑할 때 안아주게 된다. 안으면 서로 가슴과 가슴이 맞닿고 심장의 높이도 같아진다. 내 심장과 아이의 심장의 높이를 맞춤으로서 서로의 마음이 전달되고 연결된다.

사람이 살아가는 지역과 각기 다른 문화에 따라 서로 인사하는 방법이 다르다. 우리나라는 손을 모으고 고개를 숙여 인사하는 것이 보통의 방법이다. 어른을 실내에서 만나면 온몸을 굽혀서 큰절을 하곤 한다. 마오리 족은 악수를 하고 손을 잡고 서로 코를 비비는 것이 인사이고, 에스키모 족은 서로의 뺨을 치고, 아주 친한 경우에는 마주 보고 코를 비빈다. 유럽이나 중동에서는 볼에 가볍게 키스하는 것을 흔히 볼 수 있는데, 이때, 어깨를 가볍게 잡고 허그를 하기도 한다.

서로 사랑한다는 표시를 허그로 표현하자는 운동을 세계적으로 펼쳐 바람을 일으킨 일도 있었다. 버락 오바마 미국대통령이 각료회의를 마치고 장관들과 허그를 해서 각료들이 당황했다는 말이 전해지기도 한다.

아이들을 온몸으로 안아주는 허그로 인사하는 것을 예루살렘의 유치원에서 자주 보았다. 가장 인상적이었던 것은 선생님이 무릎을 꿇고 눈높이를 맞출 뿐만 아니라, 그 아이를 가슴에 안고 "네가 보고 싶어서 죽을 뻔했다"고 아이가 생각할 정도로 꼭 껴안는다는 것이다.

나중에 들은 이야기로는 선생님의 심장에 아이의 심장을 맞추는 일이었다. 생명의 중심에 생명을 갖다 대는 인사를 한 것을 알고는 놀랄 수밖에 없었다.

이렇게 며칠 동안 진한 인사를 하고 나니 아이의 마음에서 불안감이 사라졌고, 아침마다 스스로 서둘러 유치원으로 가는 모습에 또 한 번 놀라게 되었다.

어린이들과 인사를 할 때 무릎을 꿇고 눈높이를 맞추고 동심이 되어야 한다. 눈높이를 맞추는 것이 단지 눈을 바라보는 높이뿐만 아니라, 사물을 바라보는 시선과 마음의 생각이 모두 아이 같아져야 하는 것이다.

예수님께서 마태복음 18장 3~4절에서 "너희가 돌이켜 어린아이들과 같이 되지 아니하면 결단코 천국에 들어가지 못하리라 그러므로 누구든지 이 어린아이와 같이 자기를 낮추는 사람이 천국에서 큰 자니라"라고 말씀하셨다.

천국에서 큰 자가 되려면 아이와 같이 마음이 낮져야 하고, 하나님 나라를 어린아이와 같이 받드는 사람이 되어야 할 것이다. 그러자면 나의 생명인 심장과 아이의 심장의 높이까지 맞추어져 그 아이의 생명을 나의 생명과 같이 아껴야 한다. 아이를 변화시키려면 먼저 내가 바뀌어 내 생명을 그에게 줄 수 있어야 한다는 것이다.

우리는 어렸을 때 어머니의 등에서 심장 소리를 들으면서 자랐고, 어머니의 젖을 먹으면서 어머니의 심장에 귀를 대고 잠들었기 때문에 어머니와의 정이 말할 수 없이 깊다.

우리가 감기라도 걸려 열이라도 나면 엄마가 등에 업고 들려주던 자장가가 어떤 감기약이나 진통제보다 더 효과가 있었고, 내 귀를 통해 들려오는 작은 웅얼거리심은 지금도 우리의 귓가에 생생하게 남아 있다. 어머니의 심장 소리, 바로 우리를 키운 생명의 소리였다.

이스라엘 교육은 '눈높이 교육'이 가장 기본에 속한다. 그래서 그 눈높이에 맞게 스스로 원하는 것을 찾아 꿈을 키워갈 수 있도록 환경을 제공한다.

우리나라 학부모들은 자녀가 얼마나 많은 지식을 습득했는지 성적이 어떠하고 얼마나 올랐는지에 관심이 집중되지만 이스라엘에서는 자녀가 학교에서 지혜를 얼마나 배웠느냐를 중요하게 여긴다.

한국은 항상 교육의 목표치를 달성했는지를, 진도가 얼마큼 나갔느냐에 관심을 기울이고 선행학습을 했다고 좋아한다. 그러나 이스라엘 부모들은 오늘 자녀들이 선생님에게 어떤 질문을 했는지에 더 관심을 갖는다. 질문교육의 중요성에 대해 따로 언급했지만 이 질문은 자식들이 자신을 돌아보게 만드는 중요한 또 다른 교육이라 믿기 때문이다.

이스라엘에서는 자신감과 꿈을 먼저 갖게 만들고 이 꿈을 실현시키는 도전정신을 키운다. 이것이 세상을 살아가는 지혜라고 보는 것이다.

그리고 직업은 가장 잘할 수 있는 것을 선택하게 한다. 그래야 아이가 행복해진다고 보기 때문이다. 또 아이가 행복한 일을 해야 그 분야에서 성공한다고 본다.

많은 한국의 부모들은 자기가 자식을 가장 잘 안다고 생각한다. 하지만 내가 보고 느끼는 것만이 자식의 전부가 아니다. 어떤 부모가 퇴근하다 머리에 노랑물을 들인 한 청소년의 뒷모습을 보고 "누구 부모인지 골치깨나 썩겠다"라고 혀를 찼는데 아이 얼굴을 보니 자기 아이였다는 우스갯소리가 있다.

교사나 부모나 눈높이 교육, 서로의 심장을 맞대고 허그하며 격려하고 용기를 심어주는 일은 아이가 이 거친 세상을 힘차게 살아갈 수 있는 든든한 후원자를 붙어주는 일이다.

이렇게 눈높이 교육이 실시된 이스라엘 교육이 맺은 열매를 찬찬히 한번 살펴보자.

우리가 이 땅에서 받을 수 있는 상 가운데 가장 큰 상은 아마도 노벨상이 아닌가 생각된다. 사람마다 더 가치 있고 귀하게 생각하는 상이 있을 수 있지만 영향력이나 파급 효과, 상금을 따지면 그 어떤 것도 노벨상을 따를 수 없다.

그런데 지나간 105번의 노벨상 시상식에서 유대인 수상자가 한 번도 빠진 적이 없다. 이스라엘 정부의 자료에 의하면 그동안 생리 의학상 48명, 물리학상 44명, 화학상 27명, 경제학상 20명, 문학상 12명이 수상했으며 계속 수상자가 나오고 있다. 실로 어마어마한 숫자다. 인구 600만 명의 작은 나라가 이스라엘이다. 전 세계에 흩어진 1500만 명의 디아스포라가 이러한 엄청난 수상자를 냈다는 것은 기적에 가깝다.

이런 결과가 우연히 나올 수 있는 게 절대로 아니다. 여러 가지 이유와 까닭이 있는데 역시 유대인 부모의 교육이 비결이라 믿는다. 유대인들은 약 1900년 동안 나라 없이 전 세계에 흩어져 살아왔다.

그러나 그들은 한 권의 책과 하나의 건물을 잊은 적이 없다. 그 책이 성경이요, 그 건물이 회당이다. 우리가 잘 아는 대로 성경은 하나님의 말씀이요, 회당은 그 성경을 가르치는 학교, 곧 교육기관이다. 그들은 밤마다 두꺼운 성경을 읽어주며 자녀들을 잠자리에 들게 했고 눈만 뜨면 성경 이야기를 들려주었다.

이스라엘의 힘은 교육에서 나온다. 이 중요성을 깨닫게 된다면 부모들이 자녀들을 위해 어떻게 헌신해야 할 것인가에 대한 답도 함께 나온다. 교육이 바로 힘이요 능력이다.

흥미를 유발시켜라

> 공부가 공부가 아니라 그냥 재미있는 학습을 하는 것, 중요한 정
> 보를 내 머릿속에 입력시켜 놓는 것, 또 이를 통해 내가 박식한 사
> 람이 된다는 자부심을 가지면 공부에 가속도가 붙는다.

　　이스라엘 교육의 핵심은 토론식 수업에 있고 또 교사와 학생 간의 원활한 질
문에 있다는 사실을 몇 번이나 강조했다.

　　토론 수업은 그냥 아무런 준비 없이 진행되는 것이 아니다. 나름대로 준비가
필요하다. 이번 글에서는 토론수업 준비를 어떻게 하여야 할 것인지 써보고자
한다.

　　우리 사회가 교육열이 높아 자녀교육을 위해 노력하고 헌신하는 부모들이 많
은 것은 매우 좋은 현상이다. 이런 교육열은 버락 오바마 대통령도 연설에서 몇
번이나 언급할 정도로 세계의 주목을 받고 있다.

　　자원이 없는 나라 대한민국이 이렇게 부유한 나라를 만들 수 있었던 원동력은
오직 높은 교육열로부터 비롯되어 인재를 길러내는 일에 집중한 영향이라는 데

그 누구도 이견이 없다.

하지만 그 높은 교육열은 내 아이가 학교에서 우수한 성적을 내자는 발상에서 시작된 선행학습으로 인해 시작한다. 그런데 돌이키면 이 선행학습은 내 아이를 잘 키우면 남의 아이는 상관없다는 이기심에서 출발하는 학습이다. 그래서 평범하게 공부하는 학생들에게 적잖은 폐해를 가져왔고 그로 인해 가정과 학교 그리고 사회를 병들게 만들었다고 생각한다.

이스라엘 부모들도 한국 부모들 못지않은 높은 교육열을 갖고 있다. 그런데 여기서 한국 부모와 이스라엘 부모의 차이점을 발견할 수 있다.

이스라엘 부모들은 아무리 교육열이 높아도 아이들이 학교에 입학해서 글자를 배우기 전까지 집에서 선행학습을 하지 않는다. 이들이 선행학습을 하지 않는 이유는 단순하다. 아이들이 학교에 입학했을 때, 흥미를 잃지 않도록 하기 위해서라고 한다.

우리는 어떤 일을 하든지 반드시 준비가 필요하다. 그 준비가 어떻게 되느냐에 따라 성공과 실패가 나누어지는 것은 정한 이치인 것 같다. 하지만 공부만은 선행학습을 한다고 하여서 반드시 좋은 성적을 내는 것은 아니라는 것이 내 생각이다. 내가 다른 학생보다 앞서간다는 우월감은 줄 수 있어도 이것이 반드시 학문적 우월성을 보장해 주는 것이 아니다. 그렇다고 예습을 하지 말라고 해서는 안 된다. 선행학습과 예습은 다른 것이기 때문이다.

학교에서 수업할 때에는 선생님도 강의준비를 철저히 해야 하지만, 학생들 또한 수업준비를 철저히 해야만 할 필요가 있다. 그러기 위해서는 선생님이 교안을 작성할 때, 다음 시간에 할 공부를 예고하는 일이 선행되어야 한다.

선생님들은 일 년 강의 계획을 세운다. 다시 매월 별로 그리고 매주 별로 성취해야 하는 목표를 설정하고, 그 목표에 도달할 수 있도록 최선을 다해 노력할 필요가 있다.

이렇게 학업을 지도하기 위해 모든 학습정보를 학생들에게 줄 때는 반드시 다음 시간에 공부할 내용을 알려 주어 학생들이 흥미를 가지고 임할 수 있도록 해야 한다.

무엇을 공부할 것인지도 모른 채, 아무런 기대도 흥미도 없이 그냥 수업시간에 앉아 있기만 하는 학생을 만나기 싫다면, 다음 시간의 과제를 알려주고 목표를 알려주는 것이 좋다.

영화관에서 영화를 볼 때 예고편이 상영된다. 우리가 예고편을 보면서 다음에 와서 저 영화를 꼭 봐야겠다고 다짐하는 것과 같다. 선생님이 아이들에게 다음 공부에 대한 흥미를 유발시켜 기대감을 갖게 할 필요가 있다는 설명이다.

이렇게 선생님들이 할 수 있는 일들이 있는가 하면, 학생들이 할 수 있는 수업 준비도 따로 있다. 우선은 다음 시간에 진행될 수업에 대해서 전반적으로 이해할 수 있는 학습정보를 습득할 수 있어야 한다.

그리고 반드시 준비해야 하는 것이 있다. 바로 다음 시간에 할 질문 노트를 만드는 것이다. 그리고 그 질문에 대해서 본인이 생각하는 대답들을 준비해 보는 것이다. 말하자면 질문 노트를 만드는 작업, 질문을 예습한다고 할 수 있을 것이다. 예습할 때부터 미리 질문을 생각하라는 것이다. 의문을 가지고 질문을 하려면 얼마나 많은 공부를 해야 가능할지 생각해 보면 알 수 있는 일이다.

보통 대학입학 수능시험이 끝나고 나면 신문 기자들이 좋은 성적을 낸 학생들에게 어떻게 공부했느냐고 질문을 하곤 한다. 그러면 매번 그 학생들에게는 거의 비슷한 대답이 나온다. 우리는 전국에서 1등을 할 수 있는 특별한 공부 방법을 기대해 보았지만 대답은 거의 똑같다.

"예습 복습을 충실히 하고 학교 수업을 열심히 들었던 것"이다. 그리고 과외공부를 하지 않았다는 등 마치 짜 맞춘 듯 지극히 평범한 대답이 나온다.

이들이 어떻게 학업에 흥미를 유발시켰고, 지속적인 관심을 둘 수 있었는지에 대한 질문까지는 하지 않으니 그냥 평범하게 공부하였는데 저렇게 좋은 성적을 낼 수 있었구나 하고 생각하고 만다.

성적우수자들에게서 발견할 수 있는 가장 뚜렷한 장점은 바로 "질문을 예습" 하는 습관으로 학업에 대한 관심과 흥미를 유지하면서 부족한 부분들을 보충하였다는 것을 알 수 있다.

예습할 때, 맹목적인 예습이 아니라 질문 노트를 만들고, 그 질문에 대한 해답을 얻기 위해서 학교 수업시간에 집중할 수 있도록 흥미를 유지시켜 나가는 것이 반드시 필요하다.

이것이 바로 우리 자녀들로 하여금 창의적인 학생으로 성장하도록 하는 지름길이 될 것이다. 내가 체험하고 강하게 느낀 것은 결코 잊지 않는다. 흥미롭고 재미있었던 사건도 잊어버리지 않는다. 결국 공부도 같은 개념으로 이해할 수 있다.

공부가 공부가 아니라 그냥 재미있는 학습을 하는 것, 중요한 정보를 내 머릿속에 입력시켜 놓는 것, 또 이를 통해 내가 박식한 사람이 된다는 자부심을 가지면 공부에 가속도가 붙는다.

'공부의 신'이란 드라마도 있었지만 그 왕도는 너무나 단순하고 간단하다. 앞서 여러 번 강조했지만 예습과 복습, 흥미를 유발해 관심과 재미를 갖는 것이다.

또 질문을 통한 질문공부야말로 학생들의 관심을 이끌어 내는 촉매임이 분명하다. 흥미를 유발시키는 교육은 효과가 그 어떤 것보다 높다.

옷을 팔아 책을 사라

"양복을 입고 책을 읽고 있는데 음식이 쏟아져 책과 옷이 동시에 더러워지면 무엇부터 먼저 닦아야 합니까?" 라는 질문을 만들고 대답으로 "책부터 닦아라"고 가르치는 것이 유대 교육이다.

출판업이 불황이라고 아우성이다. 청소년들이 책을 읽지 않는다는 통계는 이미 오래전부터 듣던 이야기라 전혀 새로운 내용이 아니다. 1년에 두 권을 읽는다, 세 권을 읽는다는 논의 자체가 별 의미가 없게 느껴진다. 지하철을 타면 모든 사람들이, 유치원 학생부터 할아버지까지 스마트폰만 들여다보고 있다. 바로 이런 세상에 우리가 살고 있기에 무엇을 읽고 있는지는 모른다 하더라도, 본인은 필요한 정보를 접하고 있다고 할 수 있을 것이다.

요즘 깊이 있는 고전문학이나 인문학 책을 보는 사람을 찾기 힘들다. 사이버상에 정보가 흘러넘치지만 그 정보가 정확한 것인지를 확인할 길도 매우 모호하다.

이런 시대에 살고 있는 우리이기에 "옷을 팔아 책을 사라"는 유대 속담을 다시 한 번 잘 생각해 봐야 한다고 여긴다.

현대는 자기 과시의 시대 또는 자기 PR의 시대라고 말하고 있다. 이런 시대를 살고 있는 우리가 청소년들에게 외부치장에 힘쓰지 말고 내면의 향기가 피어나도록 인격을 갈고닦으라는 말을 한다고 해서 과연 부모님들의 기대대로 그렇게 성장할지는 의문이다.

'옷이 날개'라는 말이 있는 것을 보면 청소년들이 항변할 수 있는 여지도 다분히 있다. 하지만 여러 가지 격언을 들려주고 있는 유대인들을 보면, 그들이야말로 진정으로 책을 사랑하는 이들이라는 생각이 절로 든다.

예를 들면 "양복을 입고 책을 읽고 있는데 음식이 쏟아져 책과 옷이 동시에 더러워지면 무엇부터 먼저 닦아야 합니까?"라는 질문을 만들고 대답으로 "책부터 닦아라"고 가르치는 것이 유대 교육이다.

책의 중요성을 일깨워 주고, 책을 사랑하는 마음을 길러 주는 이야기다.

또한 생활이 궁핍해졌을 때, 우리가 무엇을 먼저 정리해야 하는가를 생각하게 하고 답을 만들어 가는데, 먼저 금, 은, 보석과 같은 것을 팔고 나서 그래도 안 되면 집을 팔고 땅을 파는 순서로 가르친다. 그래도 '절대로 책은 팔지 말아야 한다'고 가르친다. 책의 중요성에 대한 가르침이라고 볼 수 있다.

우리는 책에 대해 어떤 말로 청소년들을 지도해서 그들이 읽고 자양분을 삼을 수 있도록 할 수 있을지 연구해야 한다.

주변을 보면 청소년들이 지나치게 SNS에 치중하고, 짧은 문자를 생산하고, 그것을 유통시키는 데 열중하고 있다. 밤낮없이 울려대는 메시지 통보음에 집중할 수 있는 시간을 빼앗기고 있다. 이제는 우리가 특단의 조처를 취해서 책 읽는 아이를 자연스럽게 볼 수 있어야 한다.

이미 몇몇 가정에서는 하고 있고 큰 효과를 거두고 있는 운동이 있다. 바로 각

가정의 거실을 도서관으로 만들고, 텔레비전을 접어 창고에 넣는 운동이다. 말 그대로 거실에서 텔레비전을 치우고 소파도 치워서 그 자리에 책장을 만들고 책을 채워 언제든지 책과 함께 할 수 있는 환경을 만들자는 것이다.

여기에서 무엇보다 중요한 것은 어머니 아버지가 언제나 책을 읽고 있는 모습을 아이들이 자연스럽게 보여주고 이를 본받을 수 있게 해야 한다는 것이다.

CCIS 유치원을 담당하고 있는 박미영 선생님이 쓰신 "유대인의 자녀교육"이라는 책에 소개된 내용을 다시 소개하고자 한다. 책을 사랑하는 랍비의 이야기가 실려 있다.

한 유대인 랍비는 책을 얼마나 귀중하게 생각했던지 죽으면서 이런 내용의 유서를 남겼다고 한다.

"아들아! 책을 네 벗으로 삼아라. 책장과 책꽂이를 너의 환희의 밭, 환희의 정원으로 삼아라. 책의 동산에서 지식의 열매와 향기를 즐기고 그것을 너 자신의 것으로 만들어라."

유대인들의 손에는 항상 책이 들려 있다. 가장 소중하게 생각하는 성경과 탈무드를 들고 있지만, 그 안에서 나오는 지혜를 배우기에 게을리하지 않는다.

'옷을 팔아서 책을 사라' 는 유대인들의 이 말을 결코 가볍게 보지 않기를 바란다. 그리고 우리 집 거실을 도서관으로 만드는 캠페인에 동참해 우리 가정에 책이 떠나지 않으며, 부모가 자녀들과 함께 책을 읽는 아름다운 가정으로 만들어 보길 권해 드린다.

유대인들 중에서 인물이 많이 나오는 이유는 그들의 유별난 책 사랑에서 기인한다고 해도 무방하다. 독서의 습관이 청소년의 미래를 바꾼다.

독서의 중요성은 아무리 강조해도 지나치지 않고 이스라엘 교육의 바탕에 책을 가까이 하는 독서가 자리 잡고 있음을 기억해야 할 것이다.

인류를 이끌어온 수많은 명사들이 독서에 관한 명언을 통해 독서를 새삼 강조하고 있다. 역사로 이어져 온 독서 명언을 몇 개 소개하면서 독서를 다시 한 번 강조하고자 한다.

"좋은 책을 읽지 않는다면 책을 읽는다고 해도 문명인 사람보다 나을 것이라고는 하나도 없다." — Mark Twain

"약간의 돈이 생길 때마다 나는 책을 산다. 그렇게 하고 남은 돈이 있을 때, 비로소 나는 먹을 것과 입을 것을 산다." — Erasmus

"사랑을 배워라. 특히 좋은 책을 사랑하는 것을 배워라. 세상의 모든 돈을 주고도 살 수 없는 보물이 좋은 책 안에 들어있다. 배우고 노력하고 애쓰지 않는다면 그 보물을 찾을 길이 없다." — Robert G. Ingersol

"모든 책은 빛이다. 다만 그 빛의 밝기는 읽는 사람이 발견하는 만큼 밝아질 수 있다. 결국 독자에 따라서 그것은 빛나는 태양일 수도, 암흑일 수도 있다." — Mortimer Adler

"읽을 책을 고를 때는 친구와 사귈 때 못지않게 조심해야 한다. 우리의 습관이나 성격은 친구보다 오히려 책으로부터 큰 영향을 받는 경우가 적지 않기 때문이다." — Paxton Hood

"낡고 오래된 코트를 입을지언정 새 책을 사는 데 게을리하지 말라." — Austin

Phelps

"단 하루라도 책을 읽지 않으면 입에 가시가 돋는다." — 안중근

"가장 싼 값으로 가장 오랫동안 즐거움을 누릴 수 있는 것 바로 책이다." — *Montaigne*

Chutzpah 9.

아이를 성공시키려면 잘 놀게 하라

이스라엘에서는 유치원 아이들에게 미리 문자를 가르치지 않는
다. 내가 이스라엘에서 아이들을 유치원에 보냈는데 문자들을 전
혀 배우지 않는 것이 매우 이상했다

크로마국제기독학교(CCIS)엔 많은 학부모님들이 교육문제를 상담하기 위해
찾아오신다.

그런데 최근에 학교에 찾아오신 한 어머님의 말이 기억에 남아 잘 잊혀지지
않는다.

"좋은 유치원에 보낸다고 멀리까지 아이를 보냈어요. 그런데 아이가 너무 공
부만 해야 하는 환경에 내몰리게 되니 행복해지지 않더라구요. 이 모습을 보는
저 역시도 행복하지 않았죠. 아이에게 부모로서 너무 공부만 강조하는 것이 미
안하기도 했구요."

모든 일에는 해야 하는 때가 있고, 적절한 시기가 있다. 아직 무화과 철이 아닌
데 무화과 열매가 익어서 맛있게 먹고 또 남을 대접할 수 있기를 바란다면 있을

수 없는 일이다. 성장하는 아이들이 공부할 때는 공부해야 하지만, 놀 때는 놀아야만 하는 것이 공부 잘하는 또 다른 방법이다.

오늘 나눌 교육의 핵심주제는 바로 '잘 노는 아이가 성공한다' 는 내용이다.

언제부터 아이들에게 글자를 가르쳐야 가장 좋은지 생각해 본 적이 있을 것이다. 무조건 태어나자마자 글자를 가르친다고 될 것이 아니고 세월이 어느 정도 흘러 인지능력이 어느 정도 발달해야 가르칠 수가 있다.

그런데 빠르면 좋다고 해서 유치원에 들어갈 나이가 되면 당장에 글자부터 가르치곤 한다. 그리고 잘하지 못한다고 야단도 치고, 억지로 주입하려고 노력한다. 이럴 때, 아이가 처음에는 신기해서라도 따라하게 되고, 영어 단어 몇 개만 외워도 마치 우리 아이가 천재가 된 듯하게 느껴지는 것이 부모다.

그리고 승급을 하면 할수록 단어도 어려워지고, 집에 가서 해 오라는 숙제는 엄마가 대신해서 내야 할 정도로 어려워지면 이제는 아이들의 스트레스가 보통이 아니다.

'좋은 대학 입학하기' 라는 목적을 향해 적어도 15년 동안은 이런 스트레스에 시달려야 한다고 생각하면 교육자로서 마음이 매우 무겁다.

공부하는 것은 놀이를 통해 자연스럽게 배워야 한다. 아이들과 신나게 노는 가운데 사회를 배우고, 말하는 법을 배우며 이기는 것이 지는 것이라는 것도 배워야 한다고 여긴다.

이스라엘에서는 유치원 아이들에게 미리 문자를 가르치지 않는다. 내가 이스라엘에서 아이들을 유치원에 보냈는데 문자들을 전혀 배우지 않는 것이 매우 이상했다. 하다못해 최소한 알파벳이라도 배워서 올 터인데 그렇지 않았다. 내 아이들을 만나러 유치원에 가 보면, 땀을 뻘뻘 흘리면서 친구들과 게임을 하고, 소리를 지르면서 즐거워하는 모습밖에 본 적이 없다. 아이들이 그저 즐겁게 만들어 놀게 해주는 것이 이스라엘 유치원 교육이었다.

이렇게 즐겁게 놀면서 배우는 것이 그 어린 나이에는 적합한 것이고, 조기교육으로 인한 피로에 시달리지 않도록 하는 것이다. 긴 인생을 시작하면서부터 아이들이 스트레스를 받지 않도록 하는 방법이라고 본 것이다.

지금 우리 세대가 학생이었을 때에도 공부만 하는 모범생들과 공부보다는 친구들과 어울려 놀기를 더 좋아했던 친구들로 나뉘곤 했었다. 학창시절을 보내는 방법이 달랐지만, 사회생활을 하는데 있어서는 누가 더 나은 삶을 살고 있다고 결론적으로 판단하지 못한다.

때로는 공부보다는 친구들과 어울려서 놀기를 더 좋아했던 아이들이 사회생활을 더 잘하는 경우를 많이 본다. 잘 노는 아이들의 미래가 결코 어둡다고 할 수 없다. 이런 부분은 누구나 생각이 마찬가지일 것이다.

학창시절에 칭찬받는 것은 무조건 공부를 잘하는 아이들이다. 엉뚱해서 말썽을 일으키는 말썽꾸러기보다는 얌전하고 순종적인 아이들이 칭찬받을 수 있다. 하지만 세상은 이런 모범생들, 틀에 짜인 듯한 꽁생원들이 이끌어가는 것이 아니라, 친구들 사이에 인기도 있고, 리더십도 있어서 지도력을 발휘하는 학생들이 나중에 더 빛을 발하는 지도자가 되는 경우가 대부분이다.

아이들은 놀이를 통해 공부해야 한다. 놀이 자체가 공부고, 놀이를 통해 모든 재능이 발달하기 때문이다. 다만 어떤 놀이를 통해 공부에 집중할 수 있는 기틀을 만들어 주느냐는 아주 중요한 문제이다.

교사들이 단어를 가르치기보다는 사물을 관찰하여 그리게 함으로써 주의를 기울여 관찰하게 하는 습관을 길러주고, 병원놀이를 통하여서 의사가 하는 일과 건강에 대한 생각을 가지게 하면 자연히 아이가 관심을 가지게 된다.

어른이 되고 싶어 하는 아이들은 엄마가 신는 신발과 옷을 입고, 잠자리 안경을 쓰고 소꿉놀이를 하면서 가정에 대한 공부를 하게 된다. 이런 여러 가지 놀이를 통해 정신도 성장해 가고 사회성이 길러지며 역할 분담을 하게 된다. 친구들 사이에서 벌어지는 분쟁들을 지혜롭게 해결하는 방법도 깨닫게 되는 것이다.

결국 오늘의 결론은 잘 노는 아이들이 또 성공도 한다는 것이다. 놀이를 통해 사회를 배우고, 놀이를 통해 직업적인 체험도 하게 하는 것이 맞다. 어려서부터 조기교육 한다고 해서 위대한 창의적인 인물이 되는 것이 아니다.

한국도 이제 잘 노는 것에 대한 인식이 많이 달라지고 있다. 잘 노는 아이가 공부도 잘하고 성공도 한다는 이야기가 점차 설득력을 얻어가고 있다.

이스라엘의 교육에 이렇게 아이들을 잘 놀게 하고 어른들도 잘 쉬는 문화가 자리를 잡은 것임에도 유대인이 세계 제일의 우수한 민족이 된 것은 왜일까? 잘 쉬고 노는 것에 비밀이 있다. 잘 쉬고 잘 노니 머리가 더 잘 회전되고 더 획기적인 아이디어가 나온 것이 아닐까 생각해 본다.

결론은 자녀를 잘 놀리는 것이 더 중요하다. 아무리 생각해 봐도 잘 노는 아이들이 성공한다.

"얘들아 신나게 놀아라. 친구랑도 놀고 엄마, 아빠랑도 놀자."

영재로 키우려면 책 읽어주는 부모가 되어라

책 읽어 주는 엄마와 아빠가 상상력이 풍부한 아이로 키운다는 것을 알아야 한다. 그것도 침실에서 책을 읽어 주면 아이가 혼자서 게임을 하거나, 인터넷 세계로 빠져들지 않고정해진 시간에 잠을 잠으로써 건강한 유년시절을 보낼 수 있게 되는 효과까지 있다.

영화산업이 발달하면서 참으로 많은 소재들이 영화로 만들어졌다. 그중에서도 가족영화를 보다 보면 아이들이 잠자리에 들 때, 부모들이 책을 읽어 주는 모습을 자주 볼 수 있었다.

그동안 이런 영화장면을 보면서 그저 사랑이 많은 부모라고만 여겼는데 이 침실 책 읽어주기가 깊은 교육적 효과가 있는 '이스라엘 교육법'이라는 사실을 알게 돼 나 역시 좀 놀랐다.

유대인들의 습관 가운데 중요한 것이 바로 이렇게 책을 가까이하고 독서하는 시간을 철저히 가진다는 것이다. 특히 아이들이 잠자기 전에는 반드시 책을 읽는 습관을 길러 준다. 여기에서는 유대인들이 이처럼 자녀들에게 책 읽어 주고 읽게 하는 습관에 대해 이야기를 나눠 보고자 한다.

책을 읽는다는 것은 인생의 간접경험을 넓히는 일이다. 오늘날과 같이 복잡한 일이 많고 다양한 사회에서는 모든 일을 경험하고 알 수 없기에, 책을 통해 간접경험을 넓혀야 하는 것이 맞다.

수많은 정보가 있고 요즘은 SNS와 인터넷 정보가 홍수를 이루지만 그대로 문장을 통해 상상의 나래를 펼 수 있는 책은 인류의 영원한 동반자이자 지식의 보고다.

이런 점에서 나는 '책은 인간을 만들고 인간은 책을 만든다'란 글귀를 아주 좋아한다.

오늘날 학생들은 주로 문자 메시지를 주고받아 짧은 단문 메시지에 익숙해져 있다. 세계의 고전 문학들도 줄거리만 기록된 요약본들을 읽어 숙제에 대비하는 정도에 머물러 있다. 그저 이것으로 독서를 다 했다고 생각하는 경우가 너무 만재해 있어 기성세대를 안타깝게 만든다. 독서 삼매경에 빠져 시간 가는 줄 모르는 학생들을 보기 힘든 것이 요즘의 현실이다.

'E.T'라는 영화를 통해 우주에 살고 있을 생명체에 대한 관심을 불러일으켰다. 영화 '쥐라기 공원'을 만들어 공룡이 현실에 있다면 어떨까? 라는 상상력을 최대한 발휘할 수 있도록 했다. 또 '트랜스포머'라는 영화를 기획하여 로봇의 세계를 광범위하게 보여 주는 등 무한한 상상력을 발휘하고 있는 유명한 영화감독이 있다.

바로 이 영화들은 미국의 스티븐 스필버그 감독이 만들었다. 그리고 캠퍼스에서 학생들 서로서로가 알 수 있도록 하기 위한 프로그램을 개발하여 세계인을 연결시켜버린 페이스북을 만든 마크 주커버그의 창의력 등은 타고 난 것이 아니라 부모들이 침실에서 읽어 준 책들이 첫 시동을 걸게 만든 원천이었음을 잊어서는 안 된다.

이런 사례는 무한한 가능성을 가지고 있는 어린이들을 어떻게 이끌었는지를 알게 하는 사례들이다.

유대인들이 아이들을 키울 때, 아무리 바쁘고 시간이 없어도 침대에 들어갈 때에는 부모 중에 어느 한 사람이 같이 들어가 침실에서 책을 읽어 준다. 거의 의무에 가깝다.

이것이 엄마보다는 아빠일 경우일 때 더욱더 큰 효과가 난다. 어머니와 함께 있는 시간이 아빠와 함께 있는 시간보다 더 긴 것은 어느 사회나 마찬가지이고 어머니와 종일토록 지낸 아이가 아빠를 만날 수 있는 중요한 시간이기도 하다.

하지만 잠잘 시간에 아빠가 읽어 주는 책 속에서 어린이가 좋아하는 주인공의 활동과 말을 듣고 배우면서 단어 실력 뿐만 아니라 완성된 문장 속에서 단어 학습을 할 수 있다.

그래서 유대 아이들 중에 언어 인지 능력이 뛰어나 몇 개 국어를 동시에 할 수 있는 능력을 가지고 있는 아이들이 많은 것은 그리 놀라운 일이 아니다.

위인들의 이야기를 아버지의 음성을 통해서 상상하면서 웅지를 키우고 호기심을 잔뜩 가지고 잠이 들고 다음 날 아침에 주인공과 함께 잠에서 깨어날 수 있다면, 아버지와 더욱 가까워질 수 있는 효과까지 누릴 수 있을 것이다.

결론적으로 책 읽어 주는 엄마와 아빠가 상상력이 풍부한 아이로 키운다는 것을 알아야 한다. 그것도 침실에서 책을 읽어 주면 아이가 혼자서 게임을 하거나, 인터넷 세계로 빠져들지 않고 정해진 시간에 잠을 잠으로써 건강한 유년시절을 보낼 수 있게 되는 효과까지 있다.

엄마 아빠의 이야기로부터 상상력이 풍부한 아이로 성장하면, 창의력까지 높아져서 인류의 발전에 기여할 수 있는 인재로 성장하는 것은 자명한 일일 것이다.

이 일을 위해서 부모는 일정 부분 자녀를 위해 반드시 희생해야만 한다. 하루의 마감을 침대 머리맡에서 보내라고 하면 아빠들은 이 일보다 중요한 일이 얼마나 많은데, 이 일을 나에게 하라고 하느냐고 짜증을 낼 수도 있을 것이다.

하지만 우리가 사회활동을 하는 이유가 바로 아름다운 가정에서 아이들을 성장시켜 미래를 만들어 가는 일이라면, 이보다 더 중요한 시간은 없다.

말을 물가까지는 끌고 갈 수 있어도 물을 강제로 먹게까지는 할 수 없다. 스스로 학습할 수 있도록 분위기를 만들고, 마음껏 상상하고, 창조적인 사고를 할 수 있도록 인도하는 것이 부모의 할 일이라고 생각해야 한다.

이스라엘에서 유대 가정들을 보면서 가장 인상 깊었던 것은 안식일이 되면 자녀들이 아이들을 데리고 부모님의 집을 찾아오는 모습이었다. 온전한 휴식을 요구하는 안식일을 지키기 위해 금요일이면 가족들이 모여서 해가 지면서 시작되는 "샤밧"이라고 불리는 안식일을 지킨다.

안식일이 시작되면서 가정에서 예배를 드리게 되는데, 어머니이자 할머니가 촛불을 켜서 식탁으로 가져다 놓으면서 둘러앉아 성경말씀들을 읽고 기도문을 낭독하게 된다.

그리고 아버지가 아이들 머리 위에 오른손을 올려 축복기도를 한다. 아버지의 축복의 권한을 사용하여 그 아들과 딸에게 필요한 축복을 하는 것을 보고 우리도 이것은 꼭 필요하겠다는 생각이 들곤 했다. 가정에서 아버지의 권위를 회복하고 자녀들을 위해 기도하는 아버지로서 가장의 역할을 넓혀 나가면, 자연히 아이들이 가정을 중심으로 살게 된다. 아버지도 일주일 내내 아무렇게나 생활하다가 주말에 아들의 머리 위에 손을 얹을 수 없을 것이기에 아버지의 삶이 더욱 정갈해질 것이고, 자녀들은 아버지에게 정수리를 통해 축복이 흘러들어가니 어떻게 아무렇게나 살아갈 수 있을 것인가. 또 부모에게 순종하지 않을 수 있을까?

오늘부터라도 이스라엘 부모들과 같이 침실에서 아이가 좋아하는 위인이나 관심 있어 하는 분야의 책들을 읽어 주길 바란다. 실감 나게 읽어 주는 아버지의 음성을 듣고 아이들은 더욱더 안정적으로 꿈의 날개를 펼쳐갈 것이다.

아버지 혹은 엄마의 음성이 스토리로 아이의 머릿속에 각인되어 언제 어떻게 그것이 응용되어 새로운 아이디어의 촉매가 될지 그 누구도 모르는 일이다.

그래서 훗날 여러분의 자녀들이 유명인이 되어 "나의 꿈은 아버지가 내 침대 위에서 읽어주신 위인전에서 싹트고 잉태되기 시작했다"고 회고하는 인터뷰를 하게 되길 바란다.

어떤 대답에도 틀렸다고 하지 마라

> 어떤 대답에도 절대로 틀렸다고 말하지 않는다. "그렇게 생각할
> 수도 있겠구나"라고 생각하면서 그 아이의 생각을 존중하고 긍
> 정해 주는 것이다. 그리고 정답을 찾으려고 생각하는 것이 아니
> 라 바르게 생각하는 법을 "왜?"라는 질문을 통해 찾아내라는 것
> 이다.

이스라엘에는 예배처소인 회당이 동네마다 있고 이를 관장하는 랍비가 있다.

이 랍비는 유대인의 신앙과 생활의 거의 모든 문제를 조언하게 된다. 오늘날 교회의 목회자와 같다고 할 수 있다. 이스라엘 유대인 세계에서는 이들의 권위가 매우 절대적이다.

최근에 우리 학교(CCIS)에 이스라엘 교육을 전수하기 위해 이스라엘 한 가정이 들어왔다. 인천공항으로 마중을 나가 곧바로 CCIS 외국인 교사 주택으로 모셨다.

그런데 그들이 제일 먼저 한 일이 바로 신명기 6장 4절의 말씀을 문설주와 방들의 출입문에 붙이는 작업이었다. 그들이 가장 소중하게 생각하는 말씀인 쉐마를 메주자라는 통에 넣어 붙이는 일이 한국에 와서 제일 먼저 한 일인 것이다.

놀랍게도 이스라엘 사람들은 성경에 기록된 말씀을 실생활에서 그대로 실행하면서 산다는 것을 내가 옆에서 확실하게 본 셈이다.

그리고 그들이 두 번째로 한 일이 바로 랍비에게 전화해 안식일을 보낼 장소와 음식에 대해 물어보는 일이었다. 한국으로 입국하기 전에 이미 랍비의 이름과 전화번호를 알고 있었고 그에게 물어보면 다 안다는 신뢰도가 실로 놀라웠다. 이는 오랜 전통에서 나오는 신임일 것이다.

이렇게 절대적인 신임을 받고 있는 랍비가 되기 위해서는 이스라엘에서는 예시바라는 학교교육을 받아야 한다. 그리고 입학시험도 치러야 될 만큼 입학하기도 꽤 까다롭다.

이 학교에 입학하기 위해 시험을 칠 때 유명한 일화가 있다. 랍비가 학생들에게 질문하는데, 두 아이가 굴뚝 청소를 하고 돌아왔을 때, 한 아이는 얼굴이 깨끗하고, 한 아이는 얼굴에 검정이 묻어 있었다. 그러면 누가 세수하게 되겠느냐?라고 질문을 한 것이다.

그러자 한 학생은 "깨끗한 얼굴의 아이가 세수하게 됩니다"라고 대답을 한다. 그의 논리는 상대의 얼굴에 묻어 있는 검정을 보고 나도 묻었을 것이라 생각하고 세수를 하지만 검정이 묻은 아이는 다른 친구의 얼굴이 깨끗한 것을 보고 자기는 깨끗한 줄 알고 세수를 하지 않는다는 것이다.

랍비는 빙그레 웃으면서 "그렇지"라고 대답한다.

그리고 다른 아이가 당연히 검정이 묻은 아이가 세수할 것이라고 답하자 또 빙그레 웃으면서 "그렇지?"라고 긍정도 부정도 아닌 대답을 한다.

랍비는 또다시 질문한다. "너희는 굴뚝 청소를 하고 온 아이들이 어떻게 깨끗하게 돌아올 수가 있다고 생각하니?"라고 묻는 것이다.

단답형으로 답을 찾으려고 하지 말고 문제나 질문의 요지를 잘 알고 대처할 것을 알려 주는 일화인 셈인데, 문제를 받으면 그 문제의 정당성부터 생각해 보고 "왜?"라고 생각하라는 것이다.

그리고 어떤 대답에도 절대로 틀렸다고 말하지 않는다. "그렇게 생각할 수도 있겠구나"라고 생각하면서 그 아이의 생각을 존중하고 긍정해 주는 것이다. 그리고 정답을 찾으려고 생각하는 것이 아니라 바르게 생각하는 법을 "왜?"라는 질문을 통해 찾아내라는 것이다.

이처럼 성경말씀대로 살려고 노력하는 이스라엘 사람들을 보면서 우리들 학교에서도 말씀대로 사는 것을 적극적으로 가르쳐야 하겠다고 다짐하곤 한다.

이 이스라엘 교사는 신명기 6장 4-5절 말씀인 "이스라엘아 들어라 우리 하나님 여호와는 오직 유일한 여호와이시니 너는 마음을 다하고 뜻을 다하고 힘을 다하여 네 하나님 여호와를 사랑하라"는 명령을 9절에 기록한 대로 집 문설주와 바깥문에 기록한 것을 보여 주려 한 것이다.

하나님 말씀을 실행에 옮겨서 살아가는 것을 직접 보여주자는 것이다. 그리고 이 유대인 교육자는 선생님들에게 토론하는 실제 모습을 보여 주어 교실에서 학생들을 대하고 질문하는 모습이 확실하게 변해서 CCIS가 점점 질문형 학교로 탈바꿈해가고 있다.

결국 정답은 없다. 틀린 답도 없다. 학생들을 OX나 단답형 또는 단순 암기력을 높이기 위한 교육은 우리의 아이들을 단순한 사고의 인간으로 만들어 간다.

이 정답이 없는 답은 학생이 교실에서 어떤 대답을 하더라도 선생님으로부터 틀렸다는 질책을 받을 일이 없다. 어쩌면 다소 느려 보이더라도 끝까지 기다리면서 아이들이 계속 말하도록 할 것이다. 그들이 바로 미래이고, 복잡하게 얽힐 문제들을 풀어나갈 장본인들이기 때문이다.

아무리 어리석은 대답을 하더라도 그 대답은 자신의 의견을 말한 것이므로 충분히 존중받아야만 할 가치가 있다.

"네가 틀렸어"라고 답을 듣는 순간에 아이들은 좌절하기 시작한다.

달걀을 부화시켜 보겠다고 닭장에 쭈그리고 앉아 있던 에디슨은 발명왕이 되었고, 기계적인 수학에 질려 있었던 아인슈타인은 위대한 과학자가 되었다.

무한한 가능성을 보고 단답형 인간을 길러 내지 않으려면, 한없이 긍정하고 그들의 대답이 옳을 수도 있다고 생각해 주는 교육, 이러한 교육이 미래를 바꿀 수 있다.

역사를 돌이켜 보면 틀린 대답이 오랜 세월이 지나 정답이 되는 경우가 자주 있었다. 다시 한 번 그 어떤 것도 정답이 없다는 말에 공감하지 않을 수 없다. 이것이 바로 이스라엘식 교육이기도 하다.

후츠파 정신에서 배워라

우리에게는 '안 되면 되게 하라' 는 군인 정신이 자주 회자되곤 하지만, 이스라엘에서는 '후츠파 정신' 이라는 것이 있었던 것이다.

1984년 내가 이스라엘에 들어가 공부하고 또 이어 사업하면서 만났던 많은 이스라엘 사람들은 매우 저돌적이었다. 도대체가 양보심이 없고, 신사도와는 거리가 먼 듯한, 매우 용감한 사람들이라 사실 처음에는 당황스러웠던 적이 많았다. 무례하다고 느껴지는 경우가 많았기 때문이다. 심지어는 아이들까지 그런 영향을 받아서인지 매우 버릇없는 듯한 행동을 해 내가 이 상황에서 화를 내야 하나 말아야 하나 갈등하곤 했다.

이런 일도 있었다. 초기 협동농장인 키부츠에서 생활할 때였다.

하루는 일을 마치고 정원 벤치에 앉아서 고향 생각을 하고 있는데 10살쯤 된 아이가 다가오더니 "하우 아 유(How are you)?"라고 하면서 내 머리를 쓱쓱 문지르는 것이 아닌가. 마치 한국의 어른들이 아이들의 머리를 귀엽다고 쓰다듬는 것과 같았다. 아마도 동양인을 보는 것이 매우 신기했는지 호기심 어린 눈으로 살펴보면서 그렇게 자연스럽게 행동하는 것이었다.

나는 순간적으로 당황하지 않을 수 없었다.

'아니 이런 꼬마가 어른인 내 머리를 감히 쓰다듬다니. 버릇이 너무나 없네' 하는 생각이 들었다.

아이는 매우 당돌했다. 그런데 나중에 보니 이 당돌함이 '후츠파' 라고 불리는 이스라엘 특유의 도전정신이었다. 우리에게는 '안 되면 되게 하라' 는 군인 정신이 자주 회자되곤 하지만, 이스라엘에서는 '후츠파 정신' 이라는 것이 있었던 것이다.

영어로 번역하라면 Stupid라고 할 수 있을 텐데 좀 모자란 듯하기도 하고, 아무런 예의도 없는 것 같고 하지만 그 어떤 형식이나 권위에 얽매이지 않고 본인의 의사를 드러내는 정신, '무한 도전 정신' 이라고 할 수 있을 것이다. 이런 정신이야말로 이스라엘을 창업 왕국으로 만든 근본정신이라고 할 수 있다.

아이들을 키울 때, 버릇없이 키우는 것과 두려움이 없는 후츠파의 정신으로 키우는 것은 매우 다르다.

학교에서도 이 질문을 하면 아이들은 어떻게 생각할까? 선생님께서 비웃지는 않으실까? 걱정되어 말 한마디 못하고, 질문 한번 못하고 수업을 마치고 나오는 얌전한 학생들이었던 우리는 외국에 유학을 가서도 마찬가지로 강의시간에 입을 닫고 있는 얌전한 학생이었다.

우리로서는 도저히 이해하지 못할 만큼 자유롭게 의견을 말하고 질문하는 그들이 마냥 부러울 따름이었다.

가정교육과 학교교육을 통해 정착된 이 후츠파 정신은 격동하는 이스라엘 사회의 원동력이 되었다. 이런 후츠파 정신으로 무장한 이스라엘은 벤처 산업을 일으켰고, 세계 벤처자금의 35%가 이스라엘에 몰려 있다는 통계도 있었다.

실패를 두려워하지 않는 이 후츠파는 세계 100대 첨단기업 중에서 그 64%가 이스라엘에 연구소나 생산기지를 두고 있는 것으로 그 영향력을 과시하고 있다.

실패를 두려워하지 않는 담대한 용기를 심어 주려면, 우리는 실패가 우리에게 주는 유익을 가르쳐야 한다. 그리고 실패를 축하하는 분위기도 만들어야 한다.

사회적으로도 좀 엉뚱하다 싶은 행동을 하는 사람을 보면 "에제 후츠파(히브리어로는 Eze Chutzpah)"라고 대범하게 받아 주어야 한다.

그래서 우리가 설립한 크로마국제기독학교에선 학생들에게 이 후츠파 정신을 함양하는 데 역점을 두고 있다.

학생들이 수업시간에 어떤 질문을 하여도 당연하다고 받아 준다. 학생이 어떤 대답을 하더라도 그 대답이 잘못되었다고 야단치지 않는다. 그것을 더 발전시켜 보라고 격려하고 칭찬한다. 우리 학교는 진정으로 후츠파 소리를 들을 수 있는 엉뚱한 인재들을 좋아하기 때문이다. 그리고 이런 학생들이 나중에 사회적으로 큰 인물이 될 수 있다.

후츠파는 발상의 전환을 가져올 수 있게 만드는 자원이 된다. 이런 예상치 못한 반전과 엉뚱함이 획기적인 아이디어를 주기 때문이다.

'이케아'라는 유명한 스웨덴 가구업체가 있다. 지금은 전 세계에 250개 이상의 매장을 가지고 있고 39개 나라에 직원이 13만여 명이나 되는 대기업이다.

그러나 1943년 17세의 잉그라드 캄프라프가 설립할 때만 해도 이렇게 큰 기업이 되리라고는 아무도 상상하지 않았다. 당시에 그는 우편으로 주문을 받아 자신이 가장 싸게 구입할 수 있는 모든 것들을 팔았다. 처음에는 펜이라든지 액자, 시계, 같은 소형 상품을 구입해 판매하다가 1947년에 가구를 판매목록에 추가했고, 1951년에 처음으로 상품 카탈로그를 만들었다.

처음으로 상품 판매장을 연 것은 1958년이었다. 이렇게 차근차근 일을 했지만, 회사가 성장하는 것은 아주 작은 발상의 전환으로부터 시작된다.

당시만 해도 가구들은 디자인해서 전시하면 사람들이 와서 사가지고 가는 그런 방식이었다. 그런데 그 회사에 제도사로 근무하던 일리스 룬드그랜(Gillis Lundgren)이라는 젊은이가 탁자를 자동차 안에 넣으려 했지만 어려워지자 탁자 다리를 떼어 버렸다.

그러자 이케아 창업자인 캄프라드는 룬드그랜을 디자이너로 임명하고 회사의 핵심 부서로 자리를 이동시킨다. 이 일이 계기가 되어 이케아는 조립식 가구를 생산한다. 조립식으로 가구를 만드니 부피를 덜 차지해 배송하기도 아주 편리했을 뿐더러 배송하면서 파손되는 경우도 줄어들고, 제품을 보관하는 창고비용도 대폭 절감할 수 있었다.

사회적인 여건의 변화에 발을 맞춤으로서 일어난 일이지만, 조립식 가구라는 발상이 일어난 사건을 보면 우리가 주변에서 늘 고민하고 어려워하던 일을 개선하고 바꾸기만 해도 이런 큰 변화를 이끌어 낼 수 있다는 사실을 배우게 된다.

우리는 변화하기를 주저하는 경향이 많이 있다. 조금만 생각이 바뀌면 크게 발전할 수 있는 기회가 있다.

이처럼 차에 넣기가 불편한 탁자의 경험은 누구나 가지고 있을 수 있다. 하지만 그 불편함을 해소하기 위해 탁자의 다리를 떼어 냈다가 붙이는 사람은 별로 없는 것이 현실이다.

바쁜 일정을 잠시 멈추고 서서 생각하는 여유만 가질 수 있어도 이런 변화는 얼마든지 만들어 낼 수 있다. 이런 습관은 어릴 적부터 교육받은 도전정신, 이른바 후츠파 정신으로 키워질 수 있다는 것이 내 생각이다.

실패를 두려워하지 않고, 저돌적이며, 권위에 얽매이지 않는 것이 후츠파이다.

학자들에 따르면 어릴 때 느끼는 두려움은 평생 간직된다고 한다. 더군다나 그 두려움이 부모로부터 또는 선생님으로부터, 친구들로부터 올 수 있다고 생각하면 우리는 그 아이가 처해 있는 환경을 반드시 바꾸어 주어야 한다.

우선 가정의 부모님부터 아이들이 아무리 엉뚱한 말과 행동을 하더라도, 그것을 주의 깊게 살펴보고, 끈질기게 기다려 줄 수 있어야 하고, 학교는 그 엉뚱함이 특유의 도전정신으로 변하도록 지도해야 한다.

아이들은 엉뚱할 권리가 있고, 형식에 얽매이지 않을 자유가 있고, 무한히 성장할 수 있는 잠재력이 있다. 이를 부모들은 잊어선 안 된다.

성공할 때까지 기다려 줄 수 있다면, 실패는 없다. 지금까지 후츠파 정신을 소개했다.

여러분은 지금 자신이 얼마나 후츠파 정신이 있다고 생각하는가? 아직도 늦지 않았다. 인생은 후츠파 정신으로 도전해 볼 수 있는 것이 너무나도 많이 널려있다.

이 귀한 정신을 아이들에게 잘 가르쳐 주는 것, 자녀를 위한 부모의 귀한 선물이 아닐 수 없다.

학교와 교사를 믿고 존중하라

> 학교는 매우 신성하고 매우 중요하다. 학교의 중요성을 아는 부모님들이 학교를 존중할 수 있고, 부모님들이 존중하셔야 아이들도 학교를 존중할 수 있다.

예루살렘 성전이 로마에 의해서 무너져 내린 AD 70년, 유대 사회는 매우 심각한 위기에 직면하고 있었다. 헤롯대왕에 의해 아름답게 보수되고 넓혀졌던 예루살렘 성전의 아름다움은 어디에 비할 데가 없었고, 그 웅장한 자태는 성전의 동편, 감람산을 넘어오는 햇살에 의해 황금빛으로 반응하고 있었지만 로마의 공격에 무릎을 꿇고 말았다.

당시 이스라엘의 랍비인 요하난 벤 자카이는 로마 사령관에게 강력하게 요청하길 성경을 가르칠 수 있는 학교가 있는 야브네는 파괴하지 말아 달라고 간절히 요청했다.

그렇게 하여 살아남은, 지중해 가까이에 있는 작은 마을 야브네(Yavne)는 토라학교가 되어 벤 자카이를 비롯한 랍비들이 학생들을 가르칠 수 있었고, 결국 이스라엘이 로마를 극복하는 길을 열 수 있었다. 이 사례는 우리에게 결국 '학교를 존중해야 미래가 있다' 는 교훈을 우리에게 선사한다.

우리 학교(CCIS)에 많은 학부모님들이 찾아온다. 그리고 그들의 자녀를 위해 상담을 하다 보면 그분들의 이야기가 한결같이 지금 다니는 학교에서는 자녀들의 미래가 안 보인다고 말한다.

학교에 원래 기대했던 것들이 다 무너져 내렸고, 더 이상 학교에 보낼 수가 없으니 영어로 강의하는 국제기독학교에 보내 언어뿐만 아니라 인성교육과 신앙교육을 확실하게 하기를 원한다는 말씀을 하신다.

결코 공교육 자체를 비난하고 싶은 마음은 없다. 더군다나 학원이나 사교육 기관을 탓하고 싶은 마음도 없다. 하지만 학부모들의 마음속에 학교를 존중하고 선생님을 존경하는 마음들이 다 사라진 것을 보면서 이 일은 심히 안타깝게 여겨졌다. 어떤 상황이든 학문의 전당인 학교는 이를 이끌어 나가는 교사와 함께 존중되어야 하기 때문이다.

배움의 터전이 얼마나 중요한지 우리는 깨달아야 한다. 현대사를 통해 우리 민족을 깨우고 오늘날과 같은 민주국가를 이룰 수 있게 된 것은 바로 배재학당과 연세, 이화 같은 여러 기독학교들에서 정치, 경제, 사회의 여러 분야에서 인물들을 교육하여 배출할 수 있었기 때문이다.

국공립대학교와 사립대학교들, 그리고 기독고등학교는 국가 사회의 근간을 이루었다. 이들 학교가 없었으면 학생들이 어디서 현대 교육을 받을 수 있었을까? 이들 학교를 설립해서 유지한 기독교 선교사들은 순교를 각오로 학생들을 키워 냈다. 그들의 헌신과 교육 열정이 한국 근대사를 이루어 나라 발전의 원동력이 되었음을 결코 잊어선 안 된다. 교육의 힘은 무한하다. 교육이 결국 나라를 일으키고 발전시키는 동력임을 누구도 부인하지 못한다.

초대 대통령인 이승만 박사도 배재학당에서 공부하고 미국으로 유학을 간 대표적인 인물 중의 한 분이다. 그분이 미국에서 공부하고 돌아와 초대 대통령이 되어 대한민국의 체계를 세울 수 있었던 것은 결국 교육의 힘이었다.

로마 군단이 예루살렘을 공격하고 있는 위기 속에서, 베스파시아누스 로마군 사령관에게 예루살렘 성전을 파괴하지 말라는 부탁보다는 이스라엘 민족정신을 고취하고 하나님의 백성으로서의 기본을 지켜나갈 수 있도록 하나님 말씀을 교육할 수 있도록 학교와 가르칠 선생님들을 유지시켜 달라고 설득하였던 랍비 요하난 벤 자카이의 지혜를 배워야 한다.

학교는 매우 신성하고 매우 중요하다. 학교의 중요성을 아는 부모님들이 학교를 존중할 수 있고, 부모님들이 존중하셔야 아이들도 학교를 존중할 수 있다. 그리고 선생님들도 중요하다. 위대한 인물들의 뒤에는 예외 없이 훌륭한 선생님들이 계셨던 것을 기억할 수 있다.

"선생님의 말 한마디가 오늘의 나를 이루었습니다"라는 제자들의 말을 흔히 들을 수 있는 것은 그만큼 선생님의 영향력이 크기 때문이다.

헬렌 켈러 뒤에는 설리번이란 훌륭한 선생이 플라톤 뒤에도 소크라테스의 가르침이 있었다. 성경을 보더라도 여호수아 뒤에는 모세가, 다윗 뒤에는 사무엘이란 훌륭한 신앙의 스승이 지도해 주었다.

이처럼 스승의 역할이 중요하다는 사실을 인지하고 먼저 부모님들이 선생님을 존중해 주어야 한다. 그래야만 아이들이 이를 보고 선생님을 존중하게 될 것이다.

부모가 선생님을 마음엔 안 든다고 무시하고, 화를 낸다면 아이들은 학교와 선생님을 싫어하게 되고, 학교를 싫어하는 학생들의 미래는 결코 밝지 못하다.

반드시 학교와 선생님을 존중해야 미래가 있다.

예수님은 제자들의 발을 씻겨 주심으로 '섬김의 본'을 보여 주셨다. 이것이 바로 몸으로 보여주신 교육이다. 제자들의 스승이셨던 예수님은 제자들의 존경과 사랑을 받으며 공생애 사역을 펼치셨고 그 가르침이 제자들에 의해 전 세계에 퍼져 오늘에 이르고 있다.

학문의 전당인 학교와 학생들을 지도하는 교사는 언제 어디서건 반드시 존중되고 높임을 받아야 한다. 이것은 결국 우리 사회와 우리 자녀를 위한 일이다.

Chutzpah 14.

학교 선택이 절반의 성공이다

우리가 교육해야 하는 것이 맹자의 시대보다 훨씬 더 많이 복잡하고, 다양할 터인데 교육의 장소, 학교를 잘 선택함으로 미래의 지도자들을 키워야 한다.

중국 한나라 때의 책인 '열녀전(烈女傳)'에 나오는 이야기로 '맹모삼천(孟母三遷)'이라는 말이 있다.

누구나 잘 아는 이야기지만 다시 해보면 이렇다. 맹자의 어머니가 어린 맹자를 키울 때 묘지 근처에 살았는데 어린 맹자가 상여를 메고 곡하는 것을 흉내내어 노는 것을 보고 어머니는 이사를 결심한다.

그리고 시장 근처로 이사했으나 역시 주변 환경의 영향을 받아 호객하며 장사하는 것을 흉내내면서 노는 것을 보게 된다. 그래서 결국은 학교 근처로 이사를 갔는데 공부하는 학생들을 본받아 책을 가까이하고 나중에 공자와 버금가는 큰 인물을 만들었다는 이야기이다.

이는 어머니들이 어떻게 지혜롭게 아이들을 키워야 하는지를 예화를 통해 나타내 주는 상황이다. 내가 근무하는 크로마국제기독학교에서 부모들을 만나는데 아이 때문에 학교 근처로 이사하겠다고 말하시는 분들이 상당히 있다. 상담하면서 느끼는 것이 한나라에만 맹자의 어머니가 있었던 것이 아니라 현재의 대한민국에도 맹자 어머니와 같은 분들이 많다는 사실이다.

보다 나은 학교를 찾아 이사까지 감행하는 현재의 어머니들이 옛날의 맹자 어머니보다 더 적극적이고, 현명하다는 생각을 해 보기도 한다.

하지만 학교에 다녀보지 않고는 잘 알 수가 없는 것이 또한 학교인데 경험해 보고 보낼 수도 없으니 참으로 난감한 것이 현실이다.

최근에는 지방에서 온 한 부모님을 만났다. 자녀 이야기를 하면서 눈물을 흘리시는 것을 보고 무슨 일이 있어도 저 가족은 도와야겠다는 생각이 들었다. 바로 내가 아이들을 키우면서 느꼈던 그 애틋하고 힘들었던 마음이 바로 그분에게서 느껴졌기 때문이다.

히브리서 11장 23절에 "모세가 났을 때 그 부모가 아름다운 아이임을 보고 석 달 동안 숨겨 왕의 명령을 무서워하지 않았으며"라고 말씀하고 있다. 출애굽기 2장 8절 이하에는 모세의 어머니가 유모로서 젖을 먹여 키웠음을 말씀하고 있다. 모세라는 위대한 민족의 지도자를 배출할 수 있었던 것이 어머니의 교육 때문이었다고 생각한다.

"이스라엘 교육은 어머니 뱃속에서 시작된다"는 말이 있을 정도다. 그렇기 때문에 이스라엘의 교육은 유아 때부터 시작되기로 유명하다.

우리 가족이 예루살렘에서 살 때 큰딸이 예루살렘 동네에 있는 유치원에서 아이들이 노는 것을 보고 너무 가고 싶어 했다. 그래서 나이가 두 살 반이 되었을 때, 너무 어려서 입학이 안 된다는 것을 사정해서 '하닷싸'라는 이름을 가진 유아원에 보냈다.

이렇게 힘들게 유아원에 들어간 큰 아이가 3개월 정도 히브리어로 하는 유아원을 다닌 후에 하루는 집에 와서 이런 질문을 내게 던졌다.

"아빠, 왜 우리는 안식일에 차를 가지고 여행을 다녀?"라고 했다. 그때 "우리는 기독교인이기 때문에 주일을 지킨다"고 설명할 수 있었다.

그러고 나서 얼마 지나지 않아 "아빠, 왜 우리는 돼지고기를 먹어?"라고 질문을 했다. 학교에서 벌써 성경교육이 시작된 것이다. 그런데 유대인 성경을 읽게 되고 공부를 하게 되면서 문제들이 발생하기 시작했다.

학교에서는 유대교를 가르치고, 집에서의 생활은 크리스천의 삶을 살아가니 신앙이 맞지 않았던 것이다. 그래서 아이를 이스라엘 유치원을 잠시 보내다 크리스천 스쿨로 옮겨줄 수밖에 없었다.

이처럼 아이들이 어떤 학교에서 배우느냐가 참 중요하다. 가치관이 흔들리지 않고 하나님 나라의 일꾼으로 성장하게 하려면 그들이 믿는 종교단체에서 운영하는 학교에 보낼 필요가 있다.

근대 한국을 발전시켜 나간 주역들이 바로 기독교 정신으로 설립된 오산학교와 배재학당, 연세와 이화 등 유수한 학교들에서 배출된 것만 보아도 우리가 어디에서 교육해야 할 것인지 명백하게 알 수 있다.

성경을 가르치지 못하고, 수업 시작하기 전에 기도도 하지 못하는 학교에서 우리가 바라는 인재가 배출될 수가 없는 것 아닌가 묻고 싶다.

세상은 기독교에서 지향하는 가치관과 너무나 다른 가치관을 가지고 있다. 우리 자녀들을 다른 가치관을 가지고 있는 학교에 보낸다는 것은 매우 위험한 일이라고 나는 믿는다.

우리가 교육해야 하는 것이 맹자의 시대보다 훨씬 더 많이 복잡하고, 다양할 터인데 교육의 장소, 학교를 잘 선택함으로 미래의 지도자들을 키워야 한다.

자녀는 하나님이 부모에게 맡겨 주신 기업이자 선물이다. 자녀를 믿음으로 잘 키워 세상의 리더로 하나님이 기뻐하시는 일꾼으로 키워내는 것은 부모의 책임이다.

교육제도나 학교를 탓하기 이전에 내가 바른 학교를 선택했는지를 생각해 보아야 한다. 이 선택이야말로 백년대계라는 교육의 시작이라고 할 수 있기 때문이다. 이런 점에서 유대인이 그들의 교육기관인 회당에 대해 어떤 생각을 갖고 있는지 알아봄으로 교육에 학교가 차지하는 비중을 가늠해 볼 수 있다.

유대인은 어떤 일에 실패했을 경우 맨 먼저 교육이 바로 되지 않았기 때문이라고 생각한다.

왜냐하면 오랫동안 하나님을 부르는 일이 곧 배우는 일로 되어 있었기 때문이다. 배우는 일로 말미암아 유대인은 하나님을 부르고 하나님께 가까워진다고 생각하며 살아왔기 때문이다.

예루살렘이 로마군에 의해 멸망했을 때도 사람들은 군대에 의해 멸망된 것이 아니라 교육이 바로 되지 않았기 때문이라고 생각했다.

어느 마을에 한 저명한 랍비가 찾아왔다. 촌장은 이 랍비를 안내하여 마을의 경비 상태를 보여 주었는데 한 곳은 사병들이 붐비고 있는 작은 요새였고, 또 다른 곳은 나무 울타리로 둘러친 보루였다.

촌장이 랍비를 모시고 다시 숙소로 돌아왔을 때 랍비는 말하기를,

"나는 아직 이 마을이 어떻게 지켜지고 있는지 보지 못했습니다. 마을을 지키는 것은 사명이 아니라 회당입니다. 왜 나를 먼저 회당으로 안내하지 않았나요?"라고 했다.

그 어떤 것보다 회당(학교)의 중요성을 강조하는 대목이다. 학부모들이 자녀교육에 있어 학교의 중요성을 반드시 기억해 주길 바라는 마음이다.

오늘도 꿈을 꾸며 달린다

올해 문을 연 크로마국제기독학교가 힘차게 비상하고 있다. 사춘기의 예민한 시기에 좋은 학교를 선택해 그들의 삶을 이끌어 줄 멘토 선생님을 만난 복덩이들이 목청 돋우어 하나님을 찬양하는 매일 매일의 아침이 참으로 새롭고 경이롭다.

나는 새벽예배를 인도하면서 복음으로 인해 감격하고 또 하나님의 사랑으로 전율을 느낀다. 이렇게 학교를 설립하게 된 것이 전적으로 하나님의 은혜임을 내가 너무나 잘 알기 때문이다.

돌이켜 보면 시계의 톱니바퀴들이 서로 얽히고설켜 정확한 시간을 만들어 내는 것처럼 지금의 내 모습도 잘 짜여진 한편의 각본 없는 드라마 같다는 생각이 든다.

크로마국제기독학교는 학교의 채플이자 강당이 먼저 건립되어 하나님께 먼저 예배를 올리며 시작된 미션스쿨이다. 이 학교의 설립자는 바로 하나님이시다. 경영자는 예수님이시다. 우린 그저 종으로 쓰임을 받을 따름이다.

주님의 종들이 각지에서 모였다. 주님을 구주로 고백하는 것만 동일하고 생긴 것도 서로 다르고 성장배경도 여러 나라에 걸쳐 있으며 여러 가지 언어들을 구사하는 선생님들로 작은 국제사회가 이 크로마국제기독학교 안에 이루어져 있다.

국제화는 이렇게 자연스러운 것이다. 더 이상 거창한 슬로건으로 존재하지 않는다. 국제화는 선택이 아니라 필연인 것이 오늘의 현주소다.

세계에 진출한 한국인들이 국제화를 이루어 지구촌을 무대로 활동하고 있고, 인류가 고통당하는 곳곳에 우리의 손길이 닿고 있다. 유엔 사무총장도, 세계은행 총재도, 전깃불도 없는 오지에서 공부를 가르치는 자원봉사자들도, 죽어가는 생명들을 안고 씨름하는 의사들도 이제 한국인이라는 게 조금도 이상하지 않다.

우리는 이렇게 세계를 무대로 활동할 인재들을 길러 내야만 한다. 하나님 말씀으로 무장되고 강인한 정신력과 체력을 바탕으로 세계 경영에 뛰어들 수 있는 젊은이들을 양육하고 길러내야 하는 것이 오늘의 기성세대가 져야 할 책임이요 의무다.

맨 처음 크로마센터를 하나님께서 내게 보여 주셨을 때, 이곳에서 학교를 하게 되리라곤 전혀 생각지도 못했다. 겉모양은 아름답게 지어져 있었지만, 그 내부는 말 그대로 텅 비어 있었던 곳이 바로 이곳이었다.

폐허와 같이 다가온 빈 건물은 꿈을 그리기에 차라리 좋았다. 크로마라는 이름이 우리를 위해 만들어진 듯, 다양한 색깔의 인류에게 다양한 문화적 활동을 통해 복음을 전하는 계획을 차근차근 세우게 되었기 때문이다.

앞으로 순수한 복음을 다양한 문화를 통해 전달할 수 있도록 학생들을 훈련할 것이다. 크로마교회의 성도들은 가르침 받고 치유되어 파송하신 주님의 사역을 뒤이어 하는 제자들이 될 것이다.

복음이 필요한 곳이면 어디나 달려가는 인재들을 양성할 때, 창의적인 생각(Creative Thinking)으로 과거를 뛰어넘고 미래를 이끌어 가는 창조적인 지도자를 목표로 할 것이다.

이 지도자는 모든 일에 책임 있는 행동(Responsible Behavior)을 하기 위하여 순종적인 신앙(Obedient Faith)으로 도덕적 순결성(Moral Integrity)을 지켜내는 지도자가 되도록 할 것이다. 이 모든 일들을 이루기 위해 학업에 충실하고, 결국에는 성취하고 마는(Academic Excellency) 학생들을 배양해야 할 것이다.

그래서 이 크로마(CROMA)적 사고와 행동으로 인재를 키우고 또 이루어 나갈 것이다.

이제 새로운 여정이 시작돼 힘차게 달리고 있다. 크로마국제기독학교가 기대되는 이유는 디아스포라를 통해 인류의 역사를 개척해 나간 유대인들의 지혜를 기독학교에서도 받아들일 수 있기에 학교 교육의 획기적인 전환을 가져올 것이라 믿기 때문이다.

또 부모교육을 통해 학교와 부모가 같이 교육할 수 있는 기회를 확대하고자 한다. 또한 이 모든 일들을 하나님께 맡기고 인도해 주심에 따라 차근차근 이루어 나갈 것이다.

믿음이 부족한 상태에서는 이해되지 못할 정도의 이끌림과 인도하심을 느끼기에 나는 항상 자신감이 넘친다. 하나님께서 인도해 주시고 섭리해 주시며 공급해 주시기에 느낄 수 있는 확신이기도 하다.

교육은 생존과 직결된다. 이 생존을 위해 나는 이스라엘 광야에서 훈련을 받았고, 겟세마네의 철야 기도와 수없이 많은 십자가의 길에서의 기도가 있었다. 그리고 이제 그 마지막 관문인 교육현장에 인도되었고, 또 내게 주어진 현실을 냉철하게 직시하고 있다.

나는 지금 교육현장의 어려움과 고민들을 온몸으로 느끼고 체험하고 있다. 그래서 그저 하나님의 지혜를 구한다. 얽히고설킨 교육문제는 그 대안이 쉽지 않다.

하지만 바벨론 유수 이래 흩어지고 박해받는 민족이 되어서도 끈질긴 교육적 의지 하나로 살아남은 이스라엘 교육의 요체를 교육현장에 투입하는 것이 나의 사명이다.

그래서 이런 모든 것이 모여 하나가 되고 결국 큰 성과를 거둘 것을 확신한다. 유대인들은 중세 이후의 유럽 각 지역에서 자신들을 강제로 격리하기 위해 만든 '게토'에서도 살아남아 자손들을 지금 월가로 진출시키고, 교수와 법률가와 정치인들을 만들어 이 세상을 꾸준히 변화시켜 나가고 있다.

나는 지금 대한민국의 미래와 세계의 미래를 이끌어갈 지도자들, 그 브레인들을 바로 우리 크로마국제기독학교에서 키워내고 싶은 의욕으로 가득 차 있다.

이번에 내가 살아온 과정과 맡았던 일들을 차분히 정리하면서 하나님께서 제게 왜 이런 과정을 하나하나 거치게 하셨는지 그 정답을 알게 되었음을 감사하게 생각한다.

나는 지금 앞선 선진교육의 모습을 보고 새로운 교육 아이디어를 얻기 위해 미주 출장길에 있다. 마지막 에필로그를 쓰는 바로 이 시간, 호텔 창문 너머로 멋진 일출이 힘차게 떠오르고 있다.

힘차게 솟아오르는 태양을 보며 나는 다시 한 번 주먹을 불끈 쥐었다. 하나님이 허락하신 사명을 완수하기 위해 나는 오늘도 꿈을 꾸고 기도하며 계속 달려나갈 것을 다짐하면서 말이다.

부족한 내용의 책을 끝까지 읽어주신 여러분께 감사드린다. 하나님의 크신 은혜와 사랑이 항상 넘치시길 기도드린다. 샬롬!

뉴욕에서 주의 작은 종

정효제 목사

역대 노벨상 수상자 22%, 미국 100대 수퍼리치 20%를 만든
이스라엘 학습법으로 세계적인 인재를 키우겠습니다!

입학생모집 Level Test를 통해 **장학생 선발**

미국 크리스찬 학교 정규 교재와 이스라엘 교육 방식의 만남을 통한
교육의 장을 CCIS가 열어갑니다. 대한민국 최고의 명문 기독교학교를
목표로 설립된 CCIS에서 비상의 꿈을 펼치십시오!

입학설명회
● 대상 : 유치원, 초, 중, 고등학생
　　　– 최고의 교사진, 최고 수준의 시설(스마트보드 학습환경 준비완료)
　　　– 영어, 한국어, 중국어, 불어를 동시에 배울 수 있는 국제적 환경의 학교
● 장소 : 경기도 성남시 수정구 복정로 76 크로마센터 4층 (CCIS강당)
● 신청 : http://www.ccis.kr

CCIS 크로마국제기독학교
Croma Christian International School

서울과 성남의 경계에 위치한 최적의 장소, 최신식 기숙사 완비,
최고 학습 분위기의 도서관 및 대학과 공유하는 실내체육관,
6레인의 실내수영장, 1,000석의 문화공연장, 웨이트트레이닝센터, 56타석의 골프연습장, 잔디축구장

문의 및 상담예약　**031-753-0100 / admissions@ccis.kr**
　　　　　　　　Website www.ccis.kr